religión católica

proyecto **Emaús**

1

Javier Cortés
Miguel Ángel Cortés
Samuel Forcada

ecundaria

Así es este libro

PÁGINAS INICIALES

Para SITUARNOS ante el tema que se va a tratar.
Para saber LO QUE CONOCEMOS sobre la materia.
Para MOTIVAR al estudio de los nuevos contenidos.

DESARROLLO DE CONTENIDOS

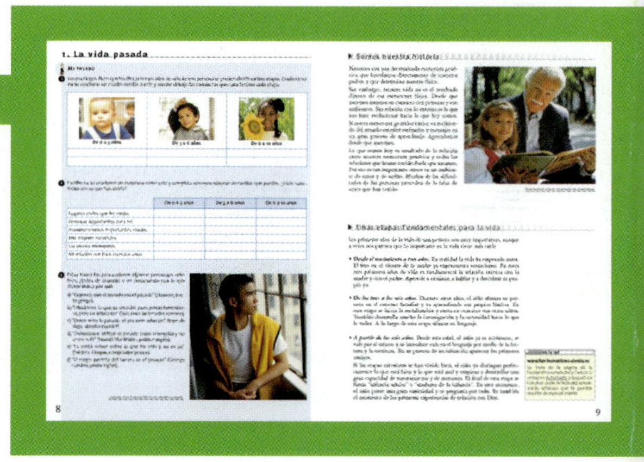

Desarrollo sistemático y organizado de los contenidos que se tratan en la unidad didáctica.

SÍNTESIS Y ACTIVIDADES COMPLEMENTARIAS

Contiene ejercicios de síntesis y evaluación, así como actividades cuya resolución ayuda a complementar lo estudiado.

DOSSIER

Una especie de revista donde se trata de manera monográfica un tema relacionado con los contenidos de la unidad didáctica.

Con imágenes sugerentes

y cuestiones para el debate

Imágenes para ser analizadas

Con pautas para desarrollar el trabajo

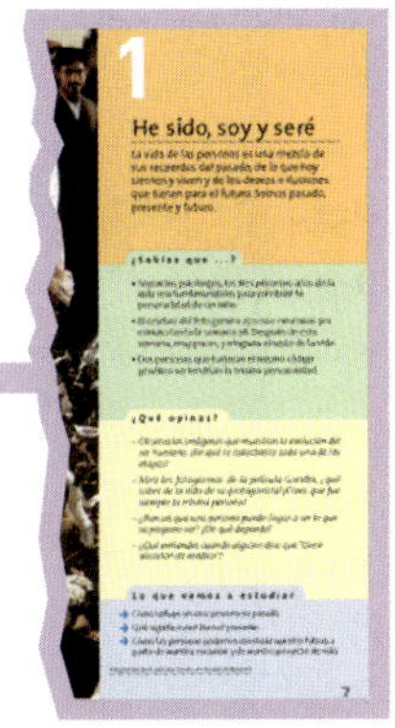

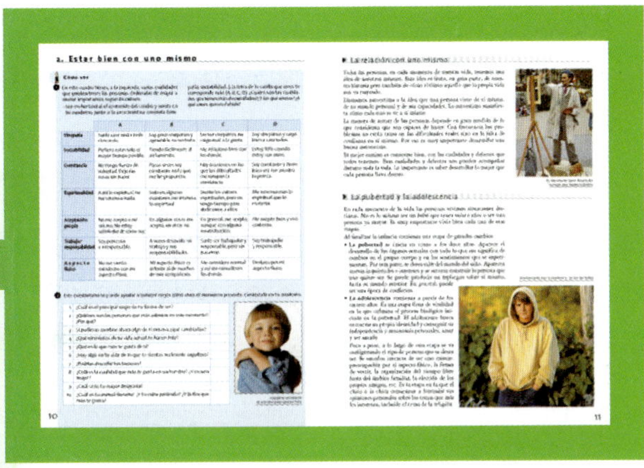

Con propuestas de trabajo

y desarrollo de contenidos

Actividades diversas para complementar el trabajo realizado

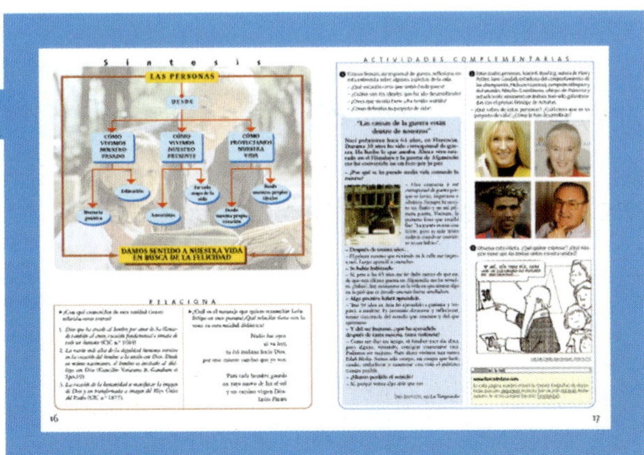

Ejercicios de relación y autoevaluación

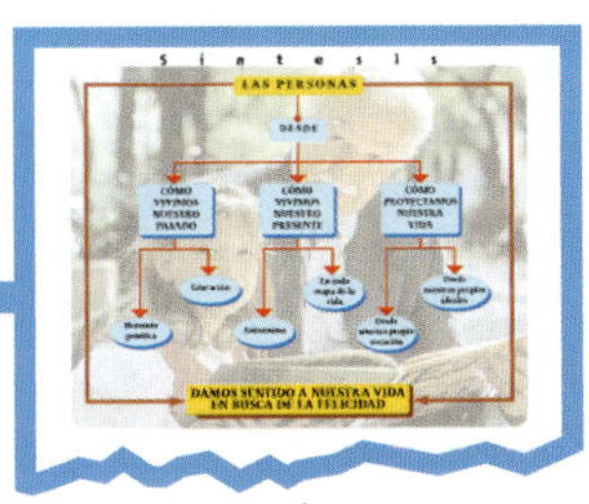

Síntesis del tema en forma de mapa conceptual

Lo que vamos a estudiar

EL TEMA DE ESTUDIO

Cristo. Capilla "Redemptoris Mater"

El tema de estudio de este curso es Jesús. Él es el personaje de la historia sobre quien más se ha escrito, hablado y discutido. Es el que más seguidores ha tenido y tiene, especialmente entre los habitantes del mundo occidental. Jesús es quien más veces ha sido reproducido por los pintores, cantado por los músicos y ensalzado por los poetas.

Para los cristianos, Jesús no es una teoría, ni un héroe de ficción, ni siquiera un líder universal. Para los cristianos, Jesucristo es Dios que se ha hecho hombre por amor.

Sus seguidores escuchan su palabra y tratan de poner en práctica su mensaje. De este modo, colaboran en la transformación del mundo para hacer de él un lugar donde reine la unión y la paz.

Para conocer más y mejor al Jesús histórico y al Jesús de la fe seguiremos estos pasos.

EL ITINERARIO	LAS UNIDADES DIDÁCTICAS
Las personas nos preguntamos por qué y para qué vivimos	**Tema 1** He sido, soy y seré
La respuesta de las religiones	**Tema 2** El árbol de las religiones **Tema 3** Dios crea y salva
La respuesta cristiana es que Dios se hace hombre en Jesús	**Tema 4** Jesús, el mesías anunciado **Tema 5** Jesús anuncia el reino de Dios **Tema 6** Jesús, una vida entregada
Forma una comunidad donde realizarse como personas	**Tema 7** Un proyecto de vida **Tema 8** El regalo del amor **Tema 9** Matrimonio y familia
A ejemplo de María, la madre de Jesús	**Tema 10** María es su nombre

Índice

LOS OBJETIVOS

Analizando nuestro pasado, nuestro presente y nuestros deseos futuros, comprenderemos mejor quiénes somos.

Descubriremos qué aporta la religión al sentido de la vida y cuáles son las religiones más importantes.

Comprenderemos que, por amor, Dios crea el mundo y la vida, y que, por amor, envía a su Hijo para llevar al mundo a su plenitud.

Conoceremos lo que dicen los evangelios sobre Jesús y sobre el reino de Dios que Jesús anuncia.

Aprenderemos que los hechos de la pasión, muerte y resurrección de Jesús son la base de la fe y la vida del cristiano.

A partir de la vida y el mensaje de Jesús estudiaremos cómo debe ser la conducta del discípulo.

Conoceremos qué significa el amor en la vida de las personas y qué lugar ocupa la sexualidad dentro de este mundo.

Conoceremos lo que el Nuevo Testamento dice sobre María y analizaremos algunos acontecimientos fundamentales de su vida.

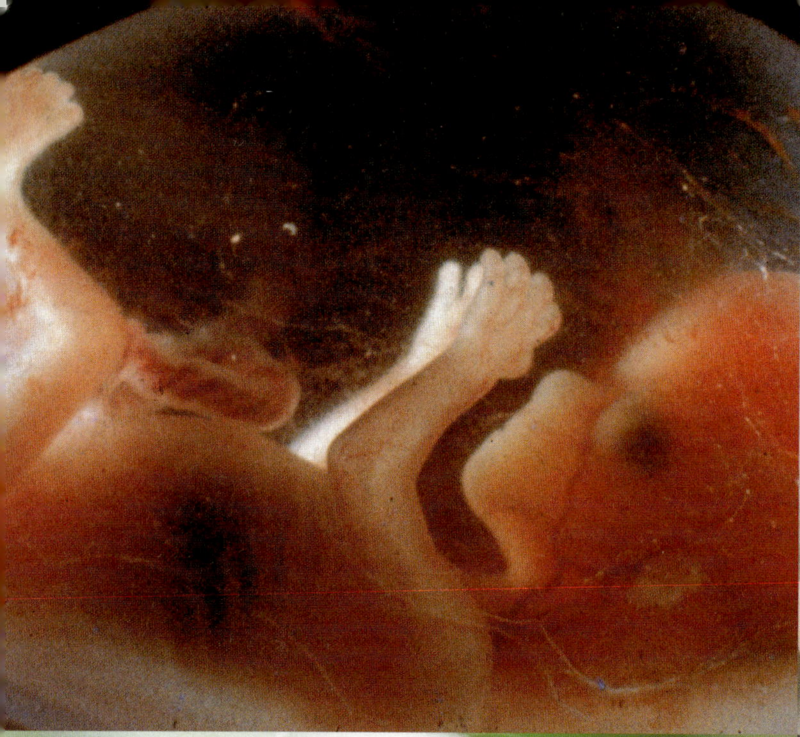

1

He sido, soy y seré

La vida de las personas es una mezcla de sus recuerdos del pasado, de lo que hoy sienten y viven, y de los deseos e ilusiones que tienen para el futuro. Somos pasado, presente y futuro.

¿Sabías que ...?

- Según los psicólogos, los tres primeros años de la vida son fundamentales para construir la personalidad de un niño.
- El cerebro del feto genera 250.000 neuronas por minuto hasta la semana 28. Después de esta semana, muy pocas; y ninguna el resto de la vida.
- Dos personas que tuvieran el mismo código genético no tendrían la misma personalidad.

¿Qué opinas?

– *Observa las imágenes que muestran la evolución del ser humano. ¿En qué se caracteriza cada una de las etapas?*

– *Mira los fotogramas de la película* Gandhi, *¿qué sabes de la vida de su protagonista?¿Crees que fue siempre la misma persona?*

– *¿Piensas que una persona puede llegar a ser lo que se propone ser? ¿De qué depende?*

– *¿Qué entiendes cuando alguien dice que "tiene vocación de médico"?*

Lo que vamos a estudiar

→ Cómo influye en una persona su pasado.

→ Qué significa vivir bien el presente.

→ Cómo las personas podemos construir nuestro futuro a partir de nuestra vocación y de nuestro proyecto de vida.

Fotogramas de la película *Gandhi*, de RICHARD ATTENBOORG

1. La vida pasada

Mi pasado

1 Los psicólogos dicen que los diez primeros años de vida de una persona se pueden dividir en tres etapas. Confecciona en tu cuaderno un cuadro similar a este y escribe debajo las conductas que caracterizan cada etapa.

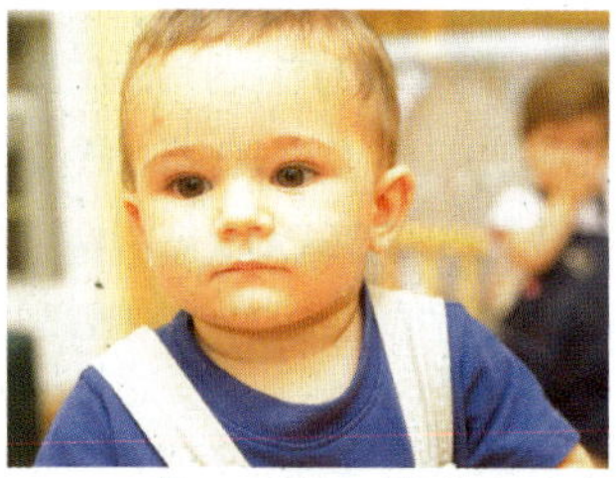 De 0 a 3 años	 De 3 a 6 años	 De 6 a 10 años

2 Escribe en tu cuaderno un esquema como este y completa el mayor número de casillas que puedas. ¿Estás satisfecho con lo que has vivido?

	De 0 a 3 años	De 3 a 6 años	De 6 a 10 años
Lugares en los que he vivido			
Personas importantes para mí			
Acontecimientos importantes vividos			
Mis mejores recuerdos			
Los peores momentos			
Mi relación con Dios en estos años			

3 Estas frases las pronunciaron algunos personajes célebres. ¿Estás de acuerdo o en desacuerdo con lo que dicen? Indica por qué.

a) "Dejemos que el pasado sea el pasado" (Homero, poeta griego).

b) "Olvidemos lo que ya sucedió, pues puede lamentarse, pero no rehacerse" (Tito Livio, historiador romano).

c) "Quien mira lo pasado, el porvenir advierte" (Lope de Vega, literato español).

d) "Deberíamos utilizar el pasado como trampolín y no como sofá" (Harold MacMillan, político inglés).

e) "Es inútil volver sobre lo que ha sido y no es ya" (Frederic Chopin, compositor polaco).

f) "El mejor profeta del futuro es el pasado" (George Gordon, poeta inglés).

Hay que mirar hacia el futuro sin olvidar el pasado.

Somos nuestra historia

Nacemos con una determinada estructura genética que heredamos directamente de nuestros padres y que determina nuestro físico.

Sin embargo, nuestra vida no es el resultado directo de esa estructura física. Desde que nacemos estamos en contacto con personas y con ambientes. Esa relación con lo externo es la que nos hace evolucionar hacia lo que hoy somos.

Nuestra estructura genética básica va recibiendo del mundo exterior estímulos y mensajes en un gran proceso de aprendizaje. Aprendemos desde que nacemos.

Lo que somos hoy es resultado de la relación entre nuestra estructura genética y todas las relaciones que hemos tenido desde que nacimos. Por eso es tan importante crecer en un ambiente de amor y de cariño. Muchas de las dificultades de las personas proceden de la falta de amor que han tenido.

Toda nuestra vida es un proceso de aprendizaje.

Unas etapas fundamentales para la vida

Los primeros años de la vida de una persona son muy importantes, aunque a veces nos parezca que lo importante en la vida viene más tarde.

- ***Desde el nacimiento a los tres años.*** En realidad la vida ha empezado antes. El feto en el vientre de la madre ya experimenta sensaciones. En estos tres primeros años de vida es fundamental la relación intensa con la madre y con el padre. Aprende a caminar, a hablar y a descubrir su propio yo.

- ***De los tres a los seis años.*** Durante estos años, el niño afianza su persona en el entorno familiar y va aprendiendo sus propios límites. En esta etapa se inicia la socialización y entra en contacto con otros niños. También desarrolla mucho la investigación y la curiosidad hacia lo que le rodea. A lo largo de esta etapa afianza su lenguaje.

- ***A partir de los seis años.*** Desde esta edad, el niño ya es autónomo, se vale por sí mismo y se introduce más en el lenguaje por medio de la lectura y la escritura. En su proceso de socialización aparecen los primeros amigos.

  Si las etapas anteriores se han vivido bien, el niño ya distingue perfectamente lo que está bien y lo que está mal y empieza a desarrollar una gran capacidad de razonamiento y de memoria. El final de esta etapa se llama "infancia adulta" o "madurez de la infancia". En este momento, el niño posee una gran curiosidad y se pregunta por todo. Es también el momento de las primeras experiencias de relación con Dios.

en la red

www.fun-humanismo-ciencia.es

Se trata de la página de la Fundación Humanismo y Ciencia. Si entras en Actividades y después en Estudios sobre la felicidad, encontrarás artículos que te pueden resultar de especial interés.

2. Estar bien con uno mismo

Cómo soy

1 En este cuadro tienes, a la izquierda, varias cualidades que pueden tener las personas. Ordénalas de mayor a menor importancia, según tu criterio.

– Lee en horizontal el contenido del cuadro y anota en tu cuaderno, junto a la característica concreta (simpatía, sociabilidad...), la letra de la casilla que crees te corresponde más (A, B, C, D). ¿Cuáles son las cualidades que tienes más desarrolladas? ¿Y las que menos? ¿A qué crees que es debido?

	A	B	C	D
Simpatía	Suelo caer mal a todo el mundo.	Soy poco simpático y agradable en mi trato.	Sin ser simpático, no caigo mal a la gente.	Soy simpático y caigo bien a casi todos.
Sociabilidad	Prefiero estar solo el mayor tiempo posible.	Tiendo fácilmente al aislamiento.	Me relaciono bien con los demás.	Estoy feliz cuando estoy con otros.
Constancia	No tengo fuerza de voluntad. Dejo las cosas sin hacer.	Pocas veces soy constante en lo que me he propuesto.	Hay ocasiones en las que las dificultades me rompen la constancia.	Soy constante y firme. Rara vez me arrastra la pereza.
Espiritualidad	A mí lo espiritual no me interesa nada.	Solo en algunas ocasiones me interesa lo espiritual.	Siento los valores espirituales, pero no tengo tiempo para dedicarme a ellos.	Me interesa más lo espiritual que lo material.
Aceptación propia	No me acepto a mí mismo. No estoy satisfecho de cómo soy.	En algunas cosas me acepto, en otras no.	En general, me acepto, aunque con alguna insatisfacción.	Me acepto bien y vivo contento.
Trabajo/ responsabilidad	Soy perezoso e irresponsable.	A veces descuido mi trabajo y mis responsabilidades.	Suelo ser trabajador y responsable, pero sin pasarme.	Soy trabajador y responsable.
Aspecto físico	No me siento satisfecho con mi aspecto físico.	Mi aspecto físico es inferior al de muchos de mis compañeros.	Me considero normal y así me consideran los demás.	Destaco por mi aspecto físico.

2 Este cuestionario te puede ayudar a conocer mejor cómo vives el momento presente. Contéstalo en tu cuaderno.

1	¿Cuál es el principal rasgo de tu forma de ser?	
2	¿Quiénes son las personas que más admiras en este momento? ¿Por qué?	
3	Si pudieras cambiar ahora algo de ti mismo, ¿qué cambiarías?	
4	¿Qué elementos de tu vida actual te hacen feliz?	
5	¿Qué es lo que más te gusta de ti?	
6	¿Hay algo en tu vida de lo que te sientas realmente orgulloso?	
7	¿Podrías describir tus temores?	
8	¿Cuál es la cualidad que más te gusta en un hombre? ¿Y en una mujer?	
9	¿Cuál sería tu mayor desgracia?	
10	¿Cuál es tu animal favorito? ¿Y tu color preferido? ¿Y la flor que más te gusta?	

Aceptarse uno mismo es el primer paso para ser feliz.

La relación con uno mismo

Todas las personas, en cada momento de nuestra vida, tenemos una idea de nosotros mismos. Esta idea es fruto, en gran parte, de nuestra historia pero también de cómo vivimos aquello que la propia vida nos va trayendo.

Llamamos autoestima a la idea que una persona tiene de sí misma, de su mundo personal y de sus capacidades. La autoestima manifiesta cómo cada uno se ve a sí mismo.

La manera de actuar de las personas depende en gran medida de lo que consideran que son capaces de hacer. Con frecuencia los problemas no están tanto en las dificultades reales sino en la falta de confianza en sí mismo. Por eso es muy importante desarrollar una buena autoestima.

El mejor camino es conocerse bien, con las cualidades y defectos que todos tenemos. Esas cualidades y defectos nos pueden acompañar durante toda la vida. Lo importante es saber desarrollar lo mejor que cada persona lleva dentro.

Es importante saber desarrollar lo mejor que llevamos dentro.

La pubertad y la adolescencia

En cada momento de la vida las personas vivimos situaciones distintas. No es lo mismo ser un bebé que tener veinte años o ser una persona ya mayor. Es muy importante vivir bien cada una de esas etapas.

Al finalizar la infancia comienza una etapa de grandes cambios:

- **La pubertad** se inicia en torno a los doce años. Aparece el desarrollo de los órganos sexuales con todo lo que eso significa de cambios en el propio cuerpo y en los sentimientos que se experimentan. Por otra parte, se desea salir del mundo del niño. Aparecen nuevas inquietudes e intereses y se intenta construir la persona que uno quiere ser. Se puede producir un repliegue sobre sí mismo, hacia su mundo interior. En general, puede ser una época de conflictos.
- **La adolescencia** comienza a partir de los catorce años. Es una etapa llena de vitalidad en la que culmina el proceso biológico iniciado en la pubertad. El adolescente busca encontrar su propia identidad y conseguir su independencia y autonomía personales, amar y ser amado.

  Poco a poco, a lo largo de esta etapa se va configurando el tipo de persona que se desea ser. Se suceden intentos de ser uno mismo: preocupación por el aspecto físico, la forma de vestir, la organización del tiempo libre fuera del ámbito familiar, la elección de los propios amigos, etc. Es la etapa en la que el chico o la chica comienzan a formular sus opiniones personales sobre los temas que más les interesan, incluido el tema de la religión.

El adolescente busca encontrar su propia identidad.

Leer

La importancia de la vocación

❶ Una vez que hayas leído este texto sobre el origen de los Juegos Olímpicos, piensa en los deportistas. ¿Cuál crees que son los ideales por los que se mueven?

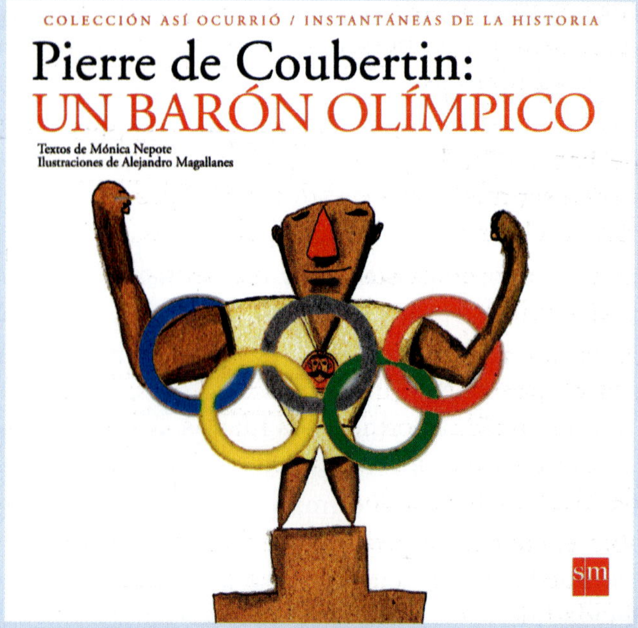

En la antigua Grecia, en la ciudad de Olimpia, se celebraban cada cuatro años unos juegos en honor de Zeus en los que participaban deportistas de toda Grecia. Durante ese tiempo se suspendían las guerras. Era una tregua sagrada.

Los vencedores de las competiciones eran aclamados por el pueblo y alcanzaban un gran prestigio social.

Pierre de Coubertin (1863-1937) soñó con recuperar esa tradición con el mismo espíritu. Consiguió que en 1896 se celebraran en Atenas los Primeros Juegos Olímpicos de la historia moderna. Desde esa fecha, cada cuatro años, excepto los años 1916, 1940 y 1944, por causa de las dos guerras mundiales, los juegos se han venido celebrando en diversas ciudades del mundo.

❷ Pierre de Coubertin, como hemos visto, fue el impulsor de los Juegos Olímpicos de la era moderna.

– ¿Qué ideales le movían? ¿Cómo influyeron en su vida esos ideales?
– ¿Crees que Pierre de Coubertin tuvo una vida feliz? ¿Por qué?

Pierre de Frédy, barón de Coubertin. ¡Sí, señor! Lo conozco desde que yo era un niño, cuando el barón era simplemente el joven Pierre. Casi lo puedo ver otra vez, remando en la canoa con su hermana Marie. Algunas tardes, todos los niños lo seguíamos hasta su árbol favorito, esperando el momento en el que Pierre cerrara sus libros y lo oíamos hablar de lo importante que era el deporte.

Aunque algunos veranos no lo veíamos, sabíamos de él por su hermana Marie. "Está en Inglaterra" o "en Estados Unidos", porque en esos países los estudiantes practicaban deporte al aire libre, formaban equipos y a través de esas actividades se volvían mejores amigos. Para Pierre el deporte tenía que formar parte de la educación de todos los niños y los jóvenes, ya que favorecía la concentración y también el aprendizaje. Un buen día, supe que Pierre había decidido dedicar su vida a la juventud y comenzó a escribir artículos sobre las escuelas y universidades.

Durante sus viajes por diferentes países del mundo, entre 1885 y 1894, hablaba de la posibilidad de rescatar y organizar los Juegos Olímpicos. En un principio muchas personas lo veían con desconfianza, pero afortunadamente tuvo el apoyo de catorce amigos de distintos países con quienes Pierre de Coubertin creó en París, en 1894, el Comité Olímpico Internacional.

Otro amigo suyo, Henri Didon, director de una escuela francesa, le mencionó a Pierre de Coubert una frase que en latín dice: "Citius, Altius, Fortius" algo así como "más rápido, más alto, más fuerte". A Pierre le gustó mucho y pensó que ese podía ser el lema de los Juegos Olímpicos, ¿por qué?, porque creyó que el esfuerzo que hace un atleta al correr o al nadar tiene que ver con una emoción que nace desde muy dentro.

Mónica Nepote, *Pierre de Coubertin: un barón olímpico.*
México, Ediciones SM

La vocación

Desde que tenemos uso de razón nos sentimos atraídos por determinadas personas ya mayores que viven muchas cosas que a nosotros nos gustaría experimentar. Son personas que representan valores que nos atraen y por eso las admiramos.

Esos hombres y mujeres tienen una vida que nos parece interesante porque han aportado o aportan elementos muy importantes a la sociedad. Pueden ser médicos, pensadores, inventores, artistas, personas comprometidas en el servicio a los más pobres, etc.

Cuando conocemos sus vidas nos sentimos "llamados" a dedicar la nuestra al servicio de esos grandes ideales.

Llamamos vocación a esa atracción o llamada que sentimos en nuestro interior para ser alguien y hacer algo realmente importante en la vida. Algo que pueda aportar cosas nuevas al servicio de la sociedad. En el fondo deseamos que nuestra vida sea útil y que se nos recuerde por el bien que hicimos al mundo.

Saber encontrar la propia vocación es muy importante. Una buena vocación puede ir dirigiendo poco a poco nuestra vida y conducirnos hacia la felicidad de hacer algo bueno en servicio de la sociedad.

La vocación cristiana

También se es cristiano por vocación. Llega un momento en el que conoces el mensaje de Jesús y sientes que vivir todo eso que él propone puede contribuir a que tu propia vida tenga más sentido.

Esta llamada interior se puede producir cuando conoces más y mejor la vida de Jesús, sus palabras y su vida, tal como se cuenta en los evangelios.

También es muy importante conocer a personas cristianas cuya vida sea feliz y llena de sentido. A veces esa atracción hacia la vida cristiana surge en el silencio o en el recogimiento, y se vive en el interior de cada uno. En lo profundo de las personas se produce como un diálogo entre ellas mismas y los mensajes que reciben de Dios.

Muchas personas a lo largo de la historia se han sentido llamadas a vivir la cercanía amorosa de Dios y han encontrado en él un elemento fundamental para sus vidas. No se puede ser cristiano por imposición. Las palabras de Jesús y el testimonio de los cristianos son el mejor camino para entrar en la vida cristiana.

Saber encontrar la vocación propia es fundamental.

ACTIVIDADES

El día 2 de abril de 2005 moría en el Vaticano el papa Juan Pablo II. Durante varios días las televisiones de todo el mundo estuvieron pendientes de la figura del papa y de los acontecimientos que tenían lugar en torno al Vaticano. Varios millones de personas y cerca de doscientos jefes de Estado y de Gobierno asistieron a las celebraciones religiosas de su entierro; otros cientos de millones de personas siguieron su funeral por televisión. ¿Quién era este hombre? ¿Cómo fue su vida? ¿Fue fiel a su vocación?

– Busca en internet o en cualquier otro medio de comunicación, información sobre su vida. ¿Crees que Juan Pablo II fue fiel a su vocación? ¿Cómo y por qué?

4. Un proyecto de vida

La búsqueda de felicidad

1 Lee este diálogo imaginario con Dios. ¿Cuál es el proyecto de vida que Dios propone en este diálogo?
- ¿Qué es para ti tener un ideal en la vida?
- ¿Cómo crees que los ideales influyen en la felicidad de las personas?

Soñé que tenía una entrevista con Dios...
–¿Te gustaría entrevistarme? –Dios preguntó.
–Si tienes tiempo... –le dije.
Dios sonrió.
–Mi tiempo es eterno. ¿Qué quieres preguntarme?
–¿Qué opinas de mí? –pregunté.
Y Dios me respondió:
–Estás tan ansioso por el futuro que olvidas el presente; vives la vida como si nunca fueras a morir.
Las manos de Dios tomaron las mías y estuvo en silencio por un rato. Entonces le pregunté:
–Padre, ¿qué lecciones deseas que aprenda?
Dios respondió con una sonrisa:
–Que aprendas que no puedes hacer que todos te amen; lo que puedes hacer es amar a los demás.
Que aprendas que lo más valioso no es lo que tengas, sino que tienes la vida.
Que aprendas que no es bueno compararte con los demás.
Que aprendas que una persona rica no es la que más tiene, sino la que menos necesita.
Que aprendas que bastan unos segundos para herir a una persona y que son necesarios años para que la herida cicatrice.
Que aprendas que a perdonar se aprende perdonando.
Que aprendas que hay personas que te aman entrañablemente, aunque muchas veces no sepan cómo expresarlo.
Que aprendas que dos personas pueden mirar las mismas cosas, y las dos percibir algo diferente.
Que perdonar a los otros no es fácil, y que perdonarse a sí mismo es el primer paso.
Y que aprendas que yo siempre estoy aquí, para ti. Siempre.

2 Observa este cómic. ¿Cuál es el ideal de vida que se critica?
- ¿Crees que es muy difícil tener un buen proyecto de vida para el futuro y poder llevarlo a cabo?
- ¿Cuáles son las principales dificultades para ello?

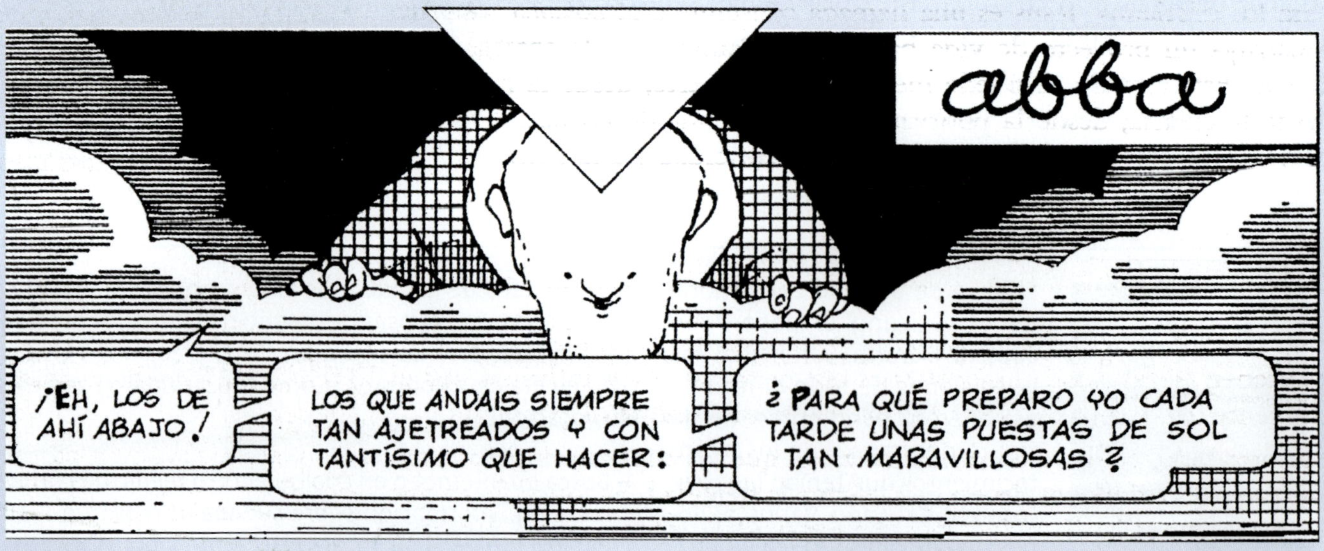

José Luis Cortés, en *Vida Nueva* (fragmento). Madrid, PPC

El deseo de felicidad

Algunos ponen su felicidad en lo material, en el prestigio, el poder o el dinero.

Todas las personas deseamos ser felices. Esta felicidad que todos anhelamos consiste, por una parte, en sentirnos seguros y con ciertos niveles de comodidad; pero, por otra, también deseamos crear, producir algo nuevo y original, arriesgarnos, ser nosotros mismos y caminar por donde nadie lo ha hecho, ser distintos. Ambas necesidades tienen que ser cubiertas en la vida.

La diferencia entre las personas no consiste en que unas deseen la felicidad y otras no, sino en qué ideales eligen y qué medios emplean para conseguir esos ideales, para ser felices. Algunos ponen su felicidad en lo material, en el prestigio, el poder o el dinero. La felicidad que viene de esos ideales es muy poco profunda.

Un proyecto para dar sentido a la vida

Cada persona debe elegir para su vida los ideales que desea.

Cada persona, aunque no se dé cuenta, va construyendo día a día su futuro porque día a día va tomando decisiones: tener unos amigos u otros, aprender unas cosas u otras, realizar unas acciones u otras, etc. El primer paso para construir una vida con sentido consiste precisamente en ser consciente de todas esas decisiones que vamos tomando en la vida.

Además de ser consciente de las propias decisiones, cada persona tiene que evitar, por un lado, el dejarse llevar por imposiciones ajenas; y, por otro, debe elegir los ideales que desea conseguir. Eso significa tener un proyecto de vida.

Esos ideales nacerán de la vocación que cada uno pueda descubrir en su interior y de las llamadas que otras vidas felices puedan producir en la persona.

Para los cristianos, Jesús es una llamada constante a la persona para que construya un proyecto de vida basado en el amor y en la entrega a los demás. Este mundo se puede mejorar desde el arte, desde la medicina, desde la ciencia, desde la política. Desde cada una de las posibles vocaciones, Dios llama constantemente a la autenticidad y a la entrega.

FLUORESCENTE
Markers
Aihao.

Un camino difícil

No es fácil desarrollar una vida plena de sentido con unos ideales que proporcionen la felicidad. Las personas nos sentimos muy influidas por el ambiente y a veces nos cuesta ser fieles a lo que realmente pensamos.

Por otro lado, el sistema económico en el que vivimos nos engaña constantemente creándonos deseos que no dan la felicidad. Su único fin es que consumamos cada día más y más. La publicidad, especialmente, nos crea unas ilusiones de felicidad completamente engañosas.

en la red

www.fpa.es

En el apartado Galardonados encontrarás una breve biografía de personas que han sido fieles a su vocación.

S í n t e s i s

R E L A C I O N A

► ¿Con qué contenidos de esta unidad tienen relación estos textos?

1. *Dios que ha creado al hombre por amor lo ha llamado también al amor, vocación fundamental e innata de todo ser humano* (CIC n.º 1604).
2. *La razón más alta de la dignidad humana consiste en la vocación del hombre a la unión con Dios. Desde su mismo nacimiento, el hombre es invitado al diálogo con Dios* (Concilio Vaticano II, *Gaudium et spes*,19).
3. *La vocación de la humanidad es manifestar la imagen de Dios y ser transformada a imagen del Hijo Único del Padre* (CIC n.º 1877).

► ¿Cuál es el mensaje que quiere transmitir León Felipe en este poema?¿Qué relación tiene con lo visto en esta unidad didáctica?

Nadie fue ayer,
ni va hoy,
ni irá mañana hacia Dios,
por este mismo camino que yo voy.

Para cada hombre guarda
un rayo nuevo de luz el sol
y un camino virgen Dios.

LEÓN FELIPE

1 Tiziano Ternazi, corresponsal de guerra, reflexiona en esta entrevista sobre algunos aspectos de la vida.

- ¿Qué vocación crees que sintió desde joven?
- ¿Cuáles son los ideales que ha ido desarrollando?
- ¿Crees que su vida tiene y ha tenido sentido?
- ¿Cómo definirías su proyecto de vida?

"Las causas de la guerra están dentro de nosotros"

Nací pobrísimo hace 64 años, en Florencia. Durante 30 años he sido corresponsal de guerra. He hecho lo que amaba. Ahora vivo retirado en el Himalaya y la guerra de Afganistán me ha convertido en un loco por la paz.

– ¿Por qué se ha pasado media vida contando la muerte?

– Uno comienza a ser corresponsal de guerra porque es joven, impetuoso e idealista. Siempre he escrito un diario y en mi primera guerra, Vietnam, la primera frase que escribí fue: "La guerra es una cosa triste, pero es más triste todavía cuando se convierte en un hábito".

– Después de treinta años...

– El primer muerto que vi tirado en la calle me impresionó. Luego aprendí a contarlos.

– Se había habituado.

– Sí, pero a los 63 años me he dado cuenta de que no, de que esta última guerra en Afganistán me ha revuelto. ¿Sabes?, hay momentos en la vida en que sientes algo en la piel que te invade con una fuerza arrolladora.

– Algo positivo habrá aprendido.

– Tras 30 años en Asia he aprendido a pararme y respirar, a meditar. Es necesario detenerse y reflexionar, tomar conciencia del mundo que tenemos y del que queremos.

– Y del ser humano, ¿qué ha aprendido después de tanta miseria, tanta violencia?

– Como me dijo un amigo, el hombre nace sin alma, pero alguno, viviendo, consigue construirse una. Podemos ser mejores. Pero ahora vivimos una nueva Edad Media. Somos solo cuerpo, un cuerpo que lucir, cuidar, embellecer y mantener con vida el máximo tiempo posible.

– ¿Hemos perdido el sentido?

– Sí, porque somos algo más que eso.

IMA SANCHÍS, en *La Vanguardia*

2 Estas cuatro personas: Joane K. Rowling, autora de Harry Potter; Jane Goodall, estudiosa del comportamiento de los chimpancés; Hicham Guerrouj, campeón olímpico y del mundo; Nicolás Castellanos, obispo de Palencia y actualmente misionero en Bolivia, han sido galardonadas con el premio Príncipe de Asturias.

- ¿Qué sabes de estas personas? ¿Cuál crees que es su proyecto de vida? ¿Cómo lo han desarrollado?

3 Observa esta viñeta. ¿Qué quiere expresar? ¿Qué relación tiene con los temas vistos en esta unidad?

JOSÉ LUIS CORTÉS, *Agenda 1996*. Madrid, PPC

en la red

www.fueradeclase.com

En esta página puedes encontrar breves biografías de deportistas (sección deportes), músicos (ver sección música), trabajadores de otros campos (sección buscavidas).

Dossier

Lo que somos y podemos ser

Cada persona tiene una historia propia que arranca en el pasado, se vive en el presente y se proyecta al futuro. Lo que actualmente somos hace que optemos por unos u otros proyectos de vida.

Todo proyecto de vida exige de nosotros, en primer lugar y de modo irrenunciable, conocernos a nosotros mismos tal y como realmente somos; desde ahí, y junto con nuestros propios ideales, nos proyectamos hacia el futuro.

Para poder ser algo en el futuro primero debemos saber lo que somos en el presente.

PABLO PICASSO, *Arlequín con espejo*

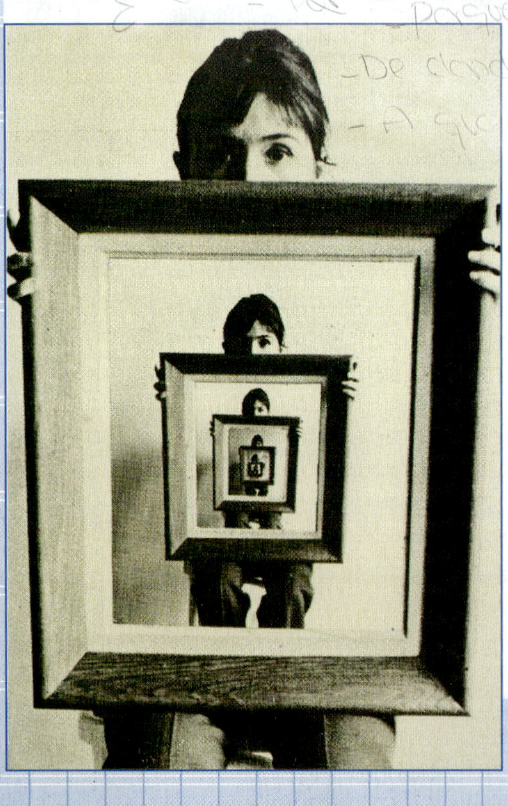

Conócete a ti mismo

Esta expresión se remonta a la antigua Grecia: fue puesta en el frontispicio del templo de Delfos y expresa que el ser humano se conoce cuando va al fondo de sí mismo.

El modo en que cada uno se percibe a sí mismo conlleva ciertas actitudes, comportamientos, gestos, opciones, etc. que le definen. La persona que no se conoce a sí misma o que rechaza su modo de ser, difícilmente logra alcanzar una felicidad verdadera. La autoestima, sea positiva o negativa, es la valoración que uno tiene de sí mismo. El grado de autoestima de una persona es un buen modo de saber qué nivel de conocimiento tiene de sí misma.

Podríamos estructurar el *conócete a ti mismo* de los pensadores clásicos en dos grandes retos y tareas: conocer *lo que somos* (trabajarnos por dentro) y desde ahí proyectar *lo que podemos ser* (realizar un proyecto de vida de acuerdo a nuestra vocación).

La importancia del pasado

Aunque algunas formas de pensar quieren imponer en la actualidad que solo somos presente y que lo ya vivido es historia pasada que en nada afecta a nuestra vidas, lo cierto es que no es así. Lo que hoy somos es fruto de lo que hemos sido.

Nuestro pasado forma parte de nuestro presente e influirá en el mañana. Olvidar nuestras raíces es no querer aceptar lo que realmente somos. Reconocer lo que somos es el primer paso para poder dar sentido a nuestra vida.

PABLO PICASSO, *Cabeza de hombre*

COMENTA

1. Después de leer los textos de este dossier, ¿qué es lo que más te ha llamado la atención?, ¿qué es lo que más te ha gustado? ¿y lo que menos? Explica el por qué.
2. ¿Estás de acuerdo con el informe del INJUVE? Explica por qué.
3. Observa los rostros de estas páginas. Cada uno expresa diferentes estados de ánimo, formas de ser y estar. Elige y comenta uno de ellos teniendo presente lo visto en esta unidad didáctica.
4. La expresión "yo soy como soy", ¿qué crees que expresa? ¿te parece correcta?, ¿qué puede indicar?

Lo que podemos ser

¿Sufrir fuerte vértigo y querer ser trapecista? ¿Padecer de claustrofobia aguda y aspirar a ser capitán de submarinos? ¿Caerse redondo al ver una gota de sangre y pretender ser médico cirujano? Hay aspiraciones que resultan muy difíciles o casi imposibles de alcanzar porque no dependen solo de nuestra voluntad sino también de nuestra propia realidad personal.

El proyecto de vida de una persona, para que no se convierta en un camino casi imposible de realizar, tiene que partir de la realidad propia de cada uno. Esto no significa renunciar a la superación de nuestros límites; se trata sencillamente de que nuestras expectativas vocacionales se enmarquen dentro de las fronteras de nuestras posibilidades. Llegar a ser lo que podemos ser desde lo que somos, no es solo un enrevesado trabalenguas, sino una sabia enseñanza para una vida feliz.

PABLO PICASSO, *Cabeza de mujer*

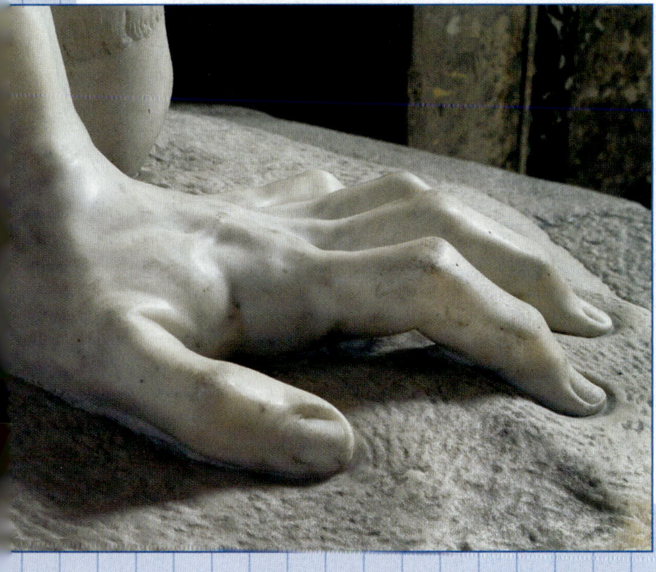

ANTONIO CANOVA, *Teseo* (detalle)

La autoestima de los jóvenes

En un sondeo encargado por el Instituto de la Juventud (INJUVE), se pregunta a los jóvenes cómo se ven a sí mismos. De sus respuestas se deduce que de autoestima están muy bien.

Puestos frente al espejo, se perciben como un colectivo solidario, desinteresado, tolerante y comprometido con causas nobles. En este juicio benevolente también hay un cierto lugar para la autocrítica colectiva; se consideran menos maduros y más dependientes que sus progenitores a su misma edad.

Algunos expertos creen que este "autorretrato" positivo de los jóvenes no se ajusta del todo a la realidad.

Estudio realizado por el Centro de Investigaciones Sociológicas (CIS) para el INJUVE

2

El árbol de las religiones

A lo largo de la historia de la humanidad todas las culturas han desarrollado de un modo u otro la religión como búsqueda de esa felicidad que todos deseamos en nuestra vida.

¿Sabías que ...?

- No se conoce ninguna cultura en la que no se encuentren manifestaciones religiosas de algún tipo.
- La palabra religión significa "estar unido".
- Excepto el judaísmo, el islam y el cristianismo todas las demás religiones creen que hay muchos dioses.

¿Qué opinas?

– *Observa las fotografías. Las tres de abajo representan distintos grupos religiosos. ¿Identificas alguno de ellos? ¿Por qué? ¿Crees que las religiones se pueden asociar a países o continentes?*

– *La presencia de la religión en la sociedad actual, ¿crece o crees que cada día tiene menos importancia?*

– *Si has tenido contacto con personas de otras religiones, ¿qué diferencias encuentras entre lo que ellos creen y viven con el modo de pensar y actuar cristiano?*

Lo que vamos a estudiar

→ Cómo surgieron las religiones y cómo están presentes hoy en el mundo.

→ Qué clasificación podemos hacer de las religiones presentes en el mundo actual.

→ Cuáles son las características elementales de las religiones orientales y de las religiones monoteístas.

1. Las religiones, ayer y hoy

LAS RELIGIONES EN EL MUNDO

De los más de 6500 millones de seres humanos que pueblan nuestro planeta, alrededor de un 85 % profesa algún tipo de religión.

En esta página tienes un mapa que recoge la presencia de las religiones en el mundo. También tienes un gráfico con el número de seguidores de cada religión. Obsérvalos bien y realiza las siguientes actividades.

- Dibuja en tu cuaderno, en grande, un cuadro como el que tienes al lado y complétalo con todas las religiones que aparecen en el mapa.
- ¿Cuáles son las religiones con más seguidores?
- ¿Qué religiones están presentes en los países más desarrollados?

Religión	Número de seguidores	Zonas donde está establecida
Cristianismo		

Distribución geográfica de las religiones en el mundo

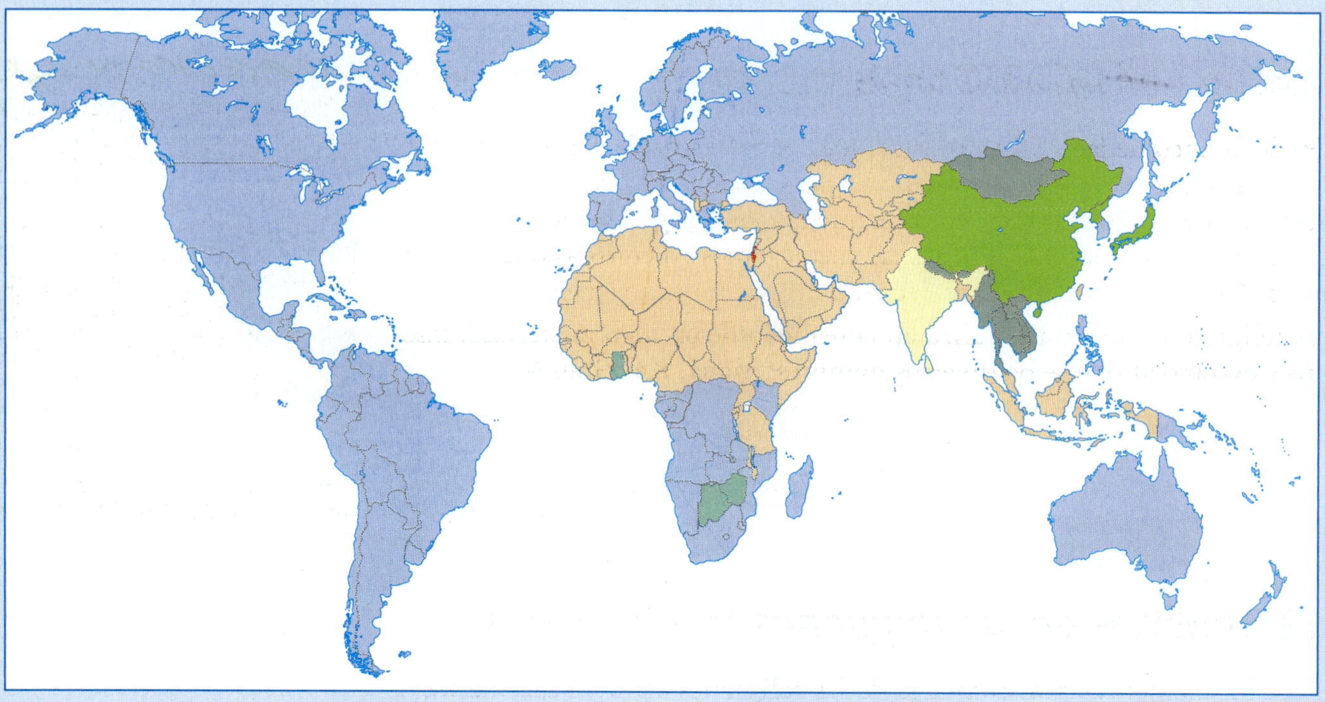

LAS PRINCIPALES RELIGIONES

- Cristianismo
- Islam
- Hinduismo
- Budismo
- Tradicionales o primitivas
- Tradicionales chinas
- Judaísmo

Número de seguidores de las principales religiones

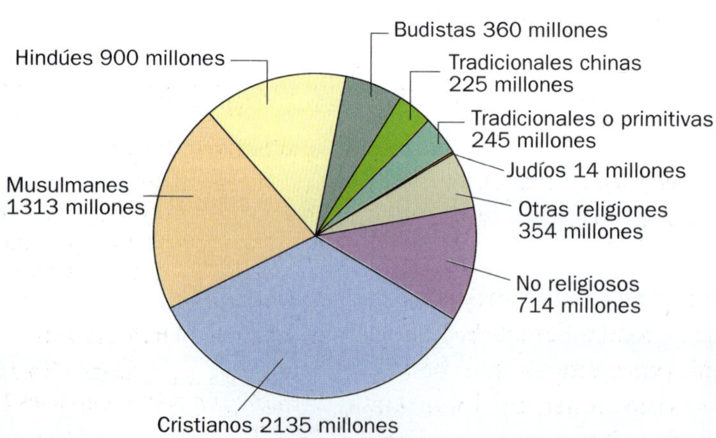

▶ Desde los orígenes de la humanidad

Restos arqueológicos del Paleolítico demuestran que al hombre primitivo le afectaba profundamente el misterio de la muerte y de la procreación. Creía depender de las fuerzas de la naturaleza y tenía la seguridad de que había algo superior que era la fuente de la vida. Para relacionarse con ese algo superior y obtener su beneficio se sirvió de ritos.

El hombre primitivo también creía que había vida en el más allá, por lo que enterraba a sus muertos con alimentos y utensilios.

Este fue el comienzo de la religión, quizá en la época lejana en que el hombre pasó de la sola recolección de alimentos a la producción de los mismos.

Monumento funerario del segundo milenio antes de Cristo. Al hombre primitivo le afectaba profundamente el misterio de la muerte.

▶ Religiones tradicionales

Desde la antigüedad hasta nuestros días, perviven en la sociedad algunas manifestaciones religiosas a las que conocemos como religiones tradicionales o "primitivas". Normalmente son religiones de pueblos, no de naciones ni de estados. A veces las encontramos en culturas que han sido sistemáticamente invadidas y rechazadas por la civilización occidental.

Las religiones tradicionales afirman la realidad de un algo misterioso, insólito y extraño al que se da diversos nombres: Maná, Ka, Gran Manitú, etc.

El *Ídolo de Tara*, de Gran Canaria, es una pequeña figura a la que se relaciona con la fecundidad.

▶ Elementos de las religiones tradicionales

Entre los elementos más comunes de las religiones tradicionales destacan los siguientes:

- **Animismo:** culto y creencia en que las fuerzas naturales (cielo, tierra, noche, día...) y los diferentes elementos de la naturaleza (montañas, agua, fuego...) están animados o habitados por espíritus.
- **Fetichismo:** culto y adoración a los espíritus que habitan en estatuillas u objetos fabricados por el hombre.
- **Manismo:** culto a los muertos, manifestación religiosa muy extendida. No hay pueblo que no tenga alguna creencia acerca de la supervivencia de las almas.
- **Totemismo:** el tótem es un ser animado o inanimado (en la mayoría de los casos un animal o un vegetal), del que el grupo dice descender y que le sirve de emblema y de nombre colectivo. Así, por ejemplo, si el tótem es un lobo, todos los miembros del clan creen que tienen un lobo por antepasado y, por consiguiente, que hay algo de lobo dentro de ellos.

en la red

abcdioses.noneto.com

Entrando en el artículo propuesto en la sección Noción de Dios... encontrarás una breve reflexión sobre la idea de Dios entre los pueblos prehistóricos.

www.ucm.es/info/solidarios

La sección CCS, Creencias, ofrece documentación sobre religiones tradicionales.

2. Las religiones desaparecidas

Los dioses de nuestros antepasados

Las antiguas civilizaciones tenían un gran número de dioses. Estas religiones estaban relacionadas con la astrología y con los sentimientos humanos.

Aquí tienes dos listas, una de divinidades egipcias y otra de dioses griegos y romanos, ya que los romanos asumieron el esquema de los dioses griegos, aunque cambiándoles el nombre.

– Lee con atención estas listas. ¿Conoces alguno de estos nombres? ¿Qué dioses coinciden en una y otra lista?

Divinidades egipcias	Características de las divinidades
Amón	Rey de los dioses. Protector de los faraones.
Anubis	Dios de la muerte, guardián de las tumbas.
Aton	Por breve tiempo fue el dios principal y único en vez de Amón.
Hator	Diosa celeste del amor y de la danza.
Horus	Dios del cielo. Representado como un hombre con cabeza de halcón.
Isis	Reina de los dioses, la gran diosa madre, diosa de las cosechas y de la fertilidad.
Osiris	Dios de los muertos.
Ptah	Dios de la fertilidad.
Ra	Dios solar, el gran dios del antiguo Egipto.
Seth	Dios de la tempestad, violento y peligroso.

Osiris entre Horus e Isis.

Poseidón con el tridente.

Dioses griegos	Dioses romanos	Características de los dioses
Afrodita	Venus	Diosa del amor y la belleza.
Apolo	Apolo	Dios de la música, la poesía y la medicina.
Ares	Marte	Dios de la guerra.
Artemisa	Diana	Diosa de la caza y la fertilidad.
Atenea	Minerva	Diosa de las artes y de la guerra.
Dioniso	Baco	Dios del vino, de la danza y de la fiesta.
Hades	Plutón	Dios de los muertos.
Hefesto	Vulcano	El dios del fuego y de los volcanes.
Poseidón	Neptuno	Dios del mar. Agitador de la tierra.
Zeus	Júpiter	Padre de los dioses. Dios del cielo y de los fenómenos atmosféricos.

▶ El valle del Nilo

En Egipto, la religión era la base sobre la que se apoyaba toda la vida social. Era la fuente principal de la que se surtían el arte, la administración y la política.

Los dioses más importantes y populares de Egipto fueron Osiris, dios de los muertos y de la vegetación; Isis, diosa protectora de las mujeres y los niños; Horus, dios del cielo que se representaba como un halcón.

Ra, dios solar, después de haber completado la creación del mundo, se sintió agotado; pero al contemplar su propia obra, sintió una gran alegría que hizo que le brotaran lágrimas de los ojos que, al caer al suelo y mezclarse con la tierra, se convirtieron en seres humanos.

Templo de Nerfertiti en Abu Simbel, Egipto.

▶ Mesopotamia

En Mesopotamia existían ciudades-estado. Cada una de ellas tenía su dios y su rey. Este interpretaba la voluntad del dios por signos, pero no se consideraba dios, sino que estaba sometido a la jerarquía religiosa.

En el siglo XVIII a. C., el rey Hammurabi unificó el Estado, hizo de Babilonia la capital del imperio e impuso como dios principal a Marduk. Este fue el dios encargado de restablecer el orden celeste, de hacer surgir la tierra del mar y de esculpir el cuerpo del primer hombre antes de repartir los dominios del universo entre los demás dioses.

▶ Grecia

La religión griega concibió a sus dioses bajo formas humanas y sobre ellos creó unos relatos y mitos de una enorme riqueza. La mitología griega consiste no solo en el conjunto de dioses que creó sino en los relatos en los que se cuentan las historias de esos dioses y de su relación con los humanos. Estos dioses y relatos han tenido mucha influencia en la cultura occidental.

Tras unos relatos sobre los orígenes en los que aparecen Caos (el vacío), Gaya (la diosa tierra), Urano (el cielo estrellado), Eros (el deseo de unión), Cronos (hijo de Gaya y Urano) y Rea (mujer de Cronos), llegan los dioses del Olimpo, presididos por el omnipotente Zeus (hijo de Cronos y Rea).

En torno a Zeus se organizan los dioses y diosas más significativos de la mitología: Poseidón, Hera, Atenea, Apolo, Artemisa, Deméter, Hefesto, Ares, Afrodita, Hermes, Dioniso.

El Partenón de Atenas.

▶ Roma

Además de los dioses que habían asimilado de los griegos, los romanos contaban también con una serie de dioses que pertenecían a la esfera más privada, dioses protectores del hogar (lares).

También los romanos asimilaron muchos de los ritos y religiones que fueron encontrando en sus conquistas de los pueblos del mediterráneo, en especial el culto de Mitra que tenía relación con la tradición del toro en la cultura mediterránea.

en la red

www.egiptologia.com

Esta página de "Amigos de la Egiptología" ofrece mucha información sobre la civilización egipcia.

www.culturaclasica.com

Entrando en la sección Cultura puedes acceder a información sobre la religión griega y romana.

esquema

3. Las religiones orientales

El Extremo Oriente

En el sur, centro y este de Asia se han ido desarrollando una serie de religiones, distintas entre sí, pero que poseen una serie de factores comunes que las diferencian claramente de las religiones monoteístas. Las más importantes son el **hinduismo** y el **budismo**, pero encontramos también otras:

- El **confucianismo**, en China, fue creado por Confucio. Su objetivo era llegar a ser un sabio al servicio de la sociedad.
- El **taoísmo** que pretende la contemplación de la naturaleza y la búsqueda de la perfección.
- El **sintoísmo** representa a las manifestaciones religiosas de Japón, muy centradas en los templos con sus rituales y peregrinaciones.

Pagoda china.
La mayoría de las religiones del centro y este de Asia son politeístas.

El hinduismo

Los orígenes del hinduismo

El hinduismo no ha sido fundado por ningún personaje histórico. Nació y se desarrolló a partir de creencias y cultos de los pueblos que vivían a las orillas del Ganges, surgidas en parte de los Veda, antiguos textos hindúes, a los que después se añadieron el Mahabarata y el Ramayana. Estos pueblos adoraban a ciertos símbolos de la fertilidad: la diosa madre, los árboles sagrados y, sobre todo, el río que les proporcionaba la vida.

Para los hindúes, la felicidad o la desgracia son fruto de su conducta en vidas anteriores.

El ciclo de las reencarnaciones

Para los hindúes, la felicidad o la desgracia de las personas son consecuencia de la buena o mala conducta que tuvieron en existencias pasadas. De la misma manera, los actos que realizamos en nuestra vida determinan la cualidad de nuestra próxima existencia.

Hasta que no alcancemos un grado de alta perfección, volveremos a nacer después de nuestra propia muerte en forma de animal o de ser humano, según nuestros méritos. Para que las personas lleguen a la perfección, el hinduismo desarrolló un conjunto de prácticas, llamadas "yoga", para ejercitar tanto el cuerpo como el espíritu.

Una religión con muchos dioses

Se suele decir que el hinduismo cuenta con treinta y tres mil dioses. Una religión que invita a sus seguidores a venerar todo aquello que les rodea –ríos, árboles, montañas, animales– tiene que producir, lógicamente, muchas imágenes de lo divino.

Entre la multitud de dioses a los que se les da culto hay tres dioses que ocupan un lugar destacado en el hinduismo: Brahma, Siva y Visnú.

- **Brahma** es el creador del universo y de todos los seres vivientes.
- **Siva** es el dios que destruye el universo. También es el dios de la danza.
- **Visnú** es el dios que vela sobre todo el universo. Cuando el mal amenaza con instalarse en el mundo, él baja y restaura el equilibrio.

Siva, dios destructor del mundo.

El budismo

Buda, el fundador

Siddharta Gautama, más tarde llamado Buda (que significa "el iluminado"), nació en una aldea entre India y Nepal hacia el año 556 a. C., en el seno de una familia noble. Creció en medio de todo tipo de lujos y comodidades. Fue educado en las artes, las ciencias y el ejercicio físico. Se casó con una joven de su ambiente social con la que tuvo un hijo. Sin embargo, este tipo de vida no le satisfacía y decidió buscar nuevos caminos.

En tres viajes que hizo a la ciudad descubrió la tragedia de la vida que antes se le ocultaba. Vio el sufrimiento humano bajo tres formas: un anciano frágil y decrépito, un inválido enfermo y desamparado, y un cortejo fúnebre que se dirigía a incinerar un cadáver.

Realizó un cuarto viaje en el que encontró a un monje alegre y jovial que caminaba mendigando. Gracias a esta visión se percató de que los placeres y las atracciones de la vida no llenan a la persona. Abandonó su casa y se fue en busca del auténtico conocimiento.

Se dedicó a predicar su enseñanza por la India, viviendo como un monje mendicante. Murió a los ochenta años.

Las "cuatro nobles verdades"

El núcleo fundamental de la doctrina predicada por Buda se encuentra en lo que se denomina las «cuatro nobles verdades». Son estas:

- La **primera verdad** afirma que todo es dolor: el nacimiento es dolor; la vejez es sufrimiento; la enfermedad es sufrimiento; la angustia, la miseria, no conseguir todo lo que uno desea, todo es sufrimiento.
- La **segunda verdad** se refiere al origen del sufrimiento: está en el deseo y en la ignorancia. Deseo de obtener cada vez más e ignorancia porque nada de lo que se obtiene es capaz de llenar nuestra sed.
- La **tercera verdad** trata sobre la destrucción del sufrimiento para llegar a la paz definitiva o "nirvana"; es decir, a la ausencia de dolor. Para ello, la única solución es eliminar el deseo.
- La **cuarta verdad** indica el camino para eliminar el sufrimiento, que es la senda "de los ocho pasos":

El nirvana

El nirvana constituye la meta del budismo. Se utiliza para expresar el estado en el que uno ya no padece el deseo, el odio o el engaño. El nirvana no es la desaparición de la vida; lo único que pretende es eliminar las pasiones negativas, que no conducen más que al dolor y al sufrimiento.

La senda de los "ocho pasos"

Conocimiento recto de las cuatro verdades.

Actitud recta para mantenerse alejado de los deseos, del odio y de la malicia.

Palabra recta: lenguaje prudente y sincero.

Acción recta, que comprende la vida moral.

Ocupación recta, ganándose la vida sin molestar a los demás.

Esfuerzo recto, reprimiendo los malos impulsos y fomentando los buenos.

Pensamiento recto, esforzándose por conocer la verdad sin apasionamientos.

Concentración recta, a través de la intensa meditación que libera.

Monje budista.

ACTIVIDADES

Elabora dos cuadros como este: uno para el hinduismo y otro para el budismo. En la columna de la izquierda aparece una serie de cuestiones a las que debes responder en la columna de la derecha.

	Nombre de la religión
Nombre del fundador	
Dónde surgió	
En qué momento histórico surgió	
Textos sagrados	
Imagen de Dios	
Moral	

4. Las religiones monoteístas

Seguidores del mismo patriarca

Las tres grandes religiones monoteístas consideran a Abrahán como el padre de la fe.

1 Aquí tienes tres textos en los que se habla de Abrahán. El primero pertenece al Antiguo Testamento, por tanto es un texto de la tradición judía y cristiana. El segundo pertenece al Nuevo Testamento, está dentro de la tradición cristiana. El tercero es de El Corán, el libro sagrado del islam. Léelos con atención.

– El texto más antiguo es del libro del Génesis, ¿qué se dice en él sobre Abrahán?

– ¿Y en los otros dos textos?

– ¿Podemos entonces afirmar que entre el judaísmo, el cristianismo y el islam hay un cierto tronco común?

> *Esta es la alianza que hago contigo: tu llegarás a ser padre de una muchedumbre de pueblos. No te llamarás ya Abrán, sino que tu nombre será Abrahán, porque yo te hago padre de una muchedumbre de pueblos. Te haré inmensamente fecundo; de ti surgirán naciones y reyes saldrán de ti. Establezco mi alianza contigo y tus descendientes después de ti por siempre, como alianza perpetua; yo seré tu Dios y el de tus descendientes.*
>
> (Gn 17,4-7)

> *Por la fe Abrahán, obediente a la llamada divina, salió hacia la tierra que iba a recibir en posesión, y salió sin saber a dónde iba. Por la fe vivió como extranjero en la tierra que se le había prometido, habitando en tiendas. Y lo mismo hicieron Isaac y Jacob, herederos como él de la misma promesa.*
>
> (Heb 11,8-9)

> *Di: Seguimos la doctrina de Abrahán. Decid: Creemos en Dios y en lo que se nos ha revelado y en lo que se reveló a Abrahán y a las doce tribus.*
>
> (Corán 2,129-130)

2 Estas fotografías reproducen imágenes de Jerusalén. Esta ciudad es respetada y venerada por los fieles de las tres religiones monoteístas: musulmanes, cristianos y judíos.

– Indica la religión a la que pertenece y representa cada una de las imágenes.

– ¿Sabes por qué las tres religiones monoteístas llaman a Jerusalén *Ciudad Santa*?

– ¿Conoces algún personaje perteneciente al judaísmo o al islam que protagonizara algún episodio de su vida en la ciudad de Jerusalén? Indícalo.

Iglesia del Santo Sepulcro.

cristiana

Muro de las Lamentaciones.

judaismo

Mezquita de la Roca.

musulmane

Las religiones monoteístas

La mayoría de las religiones estudiadas en este capítulo creen en múltiples dioses, son politeístas. Frente a esas religiones encontramos otras tres muy extendidas en todo el mundo: el judaísmo, el cristianismo y el islam, que creen en un Dios único y por eso se llaman monoteístas.

Estas tres religiones supusieron una fuerte novedad en el panorama de las religiones anteriores. De las tres, la más antigua es el judaísmo. Dentro del judaísmo nació el cristianismo pues Jesús era de religión judía. Seis siglos más tarde apareció el islam que recoge algunas de las tradiciones del judaísmo y del cristianismo aunque marcando mucho las diferencias con las otras dos.

Abrahán y los tres ángeles.
Chantilly (Francia), Museo Conde

El judaísmo

Nació en Oriente Medio con personajes claves como Abrahán y Moisés y se fue desarrollando en Palestina a lo largo de más de quince siglos.El judaísmo cree en un solo Dios, Yavé, que ha elegido al pueblo judío al que ha concedido una tierra. El judío se alimenta sobre todo de la lectura de la Escritura (la Biblia judía) en la que se narran las historias de los antepasados y su relación con Dios (Abrahán, Moisés, David, Salomón, etc.). El día santo de la semana es el sábado que es cuando acuden a la sinagoga para la lectura de la Escritura y las oraciones.

El cristianismo

El cristianismo tiene su origen en la vida y el mensaje de Jesús, el mesías anunciado por los profetas. Jesús vivió en Palestina y murió hacia el año 30 de nuestra era. Su mensaje sobre el reino de Dios y los hechos más importantes de su vida están recogidos en los evangelios.

La fe cristiana proclama que Jesús es el Hijo de Dios hecho hombre que con su vida, su muerte en la cruz y su resurrección ha reconciliado a la humanidad con Dios y la ha salvado del pecado y de la muerte.

Por ser el Hijo de Dios hecho hombre, Jesús es la revelación definitiva de Dios, un Dios Uno y Trino definido en el misterio de la Santísima Trinidad. Instituyó la Iglesia, la fundamentó en los apóstoles y la dotó con el don del Espíritu Santo. Una Iglesia que lleva la salvación al mundo entero y la celebra en los sacramentos, especialmente en la eucaristía.

El libro sagrado de los cristianos es la Biblia. Su fiesta semanal es el domingo porque es el día en que Jesús resucitó.

El islam

Fue fundado por Mahoma en el siglo VII en la península de Arabia en un contexto en el que existían raíces judías y cristianas. Las enseñanzas de Mahoma se recogen en el Corán, el libro sagrado del islam.

Los musulmanes creen en Alá, el único y todopoderoso Dios, y en Mahoma su profeta. Acuden a las mezquitas los viernes que es el día de fiesta, para escuchar la lectura del Corán y para la oración. En el Corán quedan recogidas las conductas que debe seguir el musulmán: orar cinco veces al día, dar limosna, ayunar en el mes de Ramadán y peregrinar a La Meca.

en la red

www.webislam.com

Pagina actualizada a diario con noticias sobre el islam y la comunidad islámica.

sefarad.rediris.es

En esta página encontrarás información muy interesante sobre los judeo-españoles.

S í n t e s i s

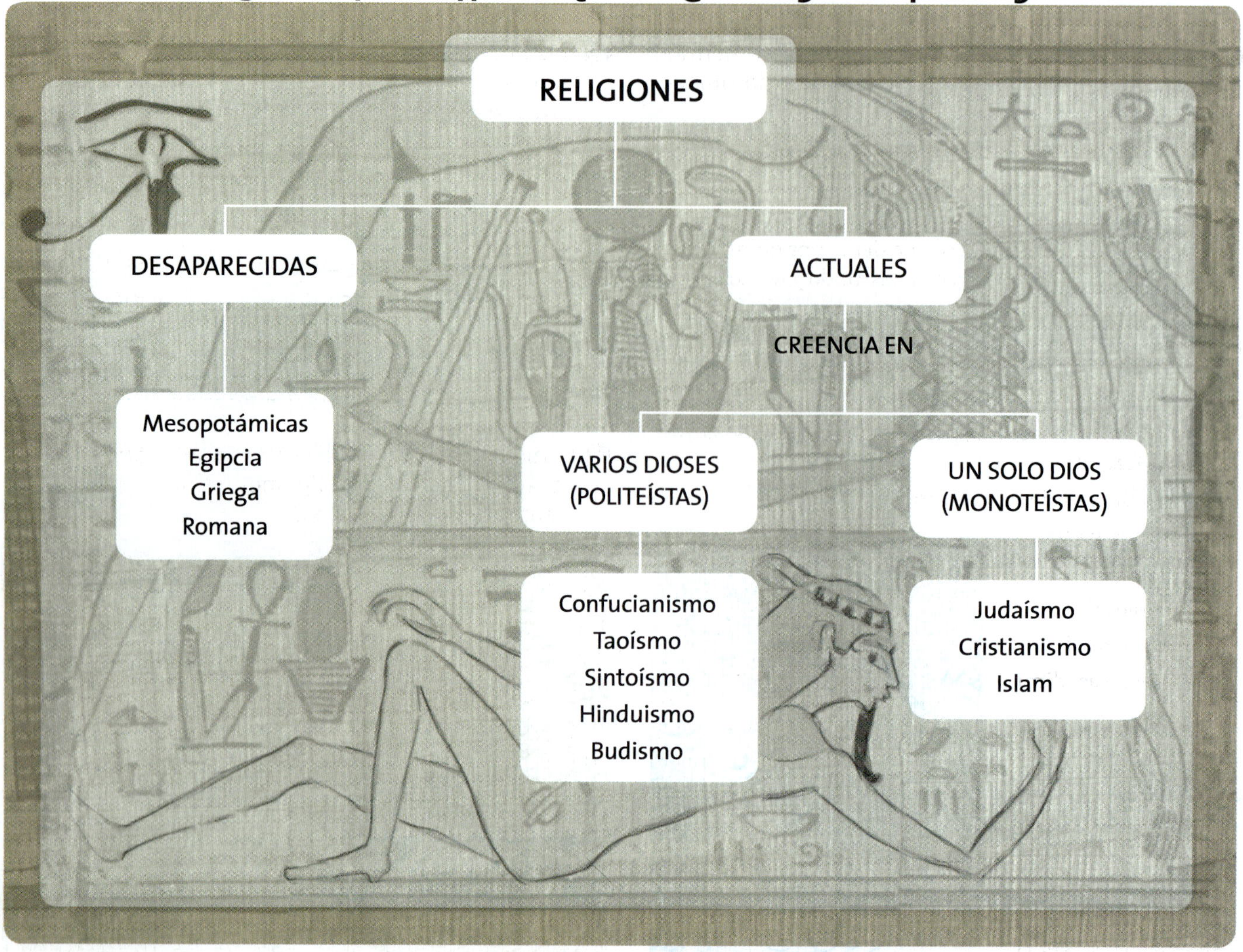

R E L A C I O N A

► Relaciona el contenido de estos documentos del magisterio de la Iglesia con lo que has estudiado en esta unidad.

La Iglesia católica nada rechaza de lo que en estas religiones hay de verdadero y santo. Considera con sincero respeto los modos de obrar y de vivir, los preceptos y doctrinas, que, aunque discrepan en muchos puntos de lo que ella profesa y enseña, no pocas veces reflejan un destello de aquella Verdad que ilumina a todos los hombres.

(Concilio Vaticano II, *Nostra aetate*, 2)

La Iglesia reconoce en las otras religiones la búsqueda, "todavía en sombras y bajo imágenes", del Dios desconocido pero próximo (CIC n.º 843).

La Iglesia considera las religiones del mundo con sincero respeto, pero al mismo tiempo excluye esa mentalidad indiferentista marcada por un relativismo religioso que termina por pensar que una religión es tan buena como otra (Declaración *Dominus Iesus, 22).*

► Esta oración fue compuesta por religiosos cristianos, judíos y musulmanes. Busca en ella los aspectos fundamentales que unen a esas tres confesiones.

Dios eterno, Creador del universo,
no hay otro Dios más que tú.
Grandes y maravillosas son tus palabras,
admirables son tus caminos.
Te damos gracias
por la gran variedad esplendorosa de tu creación.
Te damos gracias por las muchas formas
en que afirmamos tu presencia y designio,
y la libertad de hacerlo así.
Perdona nuestros ataques a tu creación.
Perdona nuestra violencia contra nuestro prójimo.
Estamos sobrecogidos y agradecidos
por tu amor persistente
a todos y cada uno de tus hijos:
cristianos, judíos, musulmanes,
así como a los de otras religiones.
Dios eterno, Creador del universo,
no hay otro Dios más que tú.

1 Lee con atención el siguiente texto y coméntalo sirviéndote de lo que has estudiado en esta unidad.

Explícamelo, padre

Había una vez un muchacho llamado Svetaketu Aruneya, al cual un día le dijo su padre:

–Sevetaketu, hijo mío, parece que tienes una opinión muy elevada de ti mismo; te crees bien instruido y te vanaglorias de ello. ¿Has adquirido, por ventura, el conocimiento por el cual se oye lo que no se oye, se piensa lo que no se piensa y se sabe lo que no se sabe?

–Seguramente que mis maestros no lo sabían ellos mismos. De haberlo sabido, ¿por qué no iban a enseñármelo? Explícamelo tú, padre.

–Así sea, hijo. Tráeme el fruto de la higuera.

–Aquí está, padre.

–Ábrelo.

–Abierto está.

–¿Qué ves en él?

–Veo semillas diminutas.

–Rompe una de ellas, hijo.

–Rota está, padre.

–¿Qué ves en ella?

–Absolutamente nada.

–Hijo mío, de la misma esencia de esa simiente que no alcanzas a ver viene en verdad esta vasta higuera. Créeme, hijo mío, una esencia invisible y sutil es el espíritu del universo entero. Eso es el Atman. Eso eres tú.

–Sigue explicándome, padre.

–Sea, hijo. Pon esta sal en el agua y ven a verme mañana.

Svetaketu miró el agua, pero no pudo ver la sal, puesto que esta se había disuelto.

Su padre dijo entonces:

–Prueba el agua por este lado del cuenco. ¿Cómo sabe?

–Sabe a sal.

–Prueba ahora el agua de en medio. ¿A qué sabe ahora?

–Sabe a sal.

–Busca la sal otra vez y ven de nuevo a verme.

–No puedo ver la sal; solo veo el agua.

–Del mismo modo, hijo mío, tú no puedes ver el espíritu; pero en verdad está aquí. Una esencia invisible y sutil es el espíritu del universo entero. Eso es la Verdad. Eso eres tú.

Upanishad Chandogya 6,1,12-14

2 A continuación tienes una lista de lugares, objetos y tradiciones propias de las religiones que se han estudiado. Asocia cada una de las palabras que les dan nombre con la religión correspondiente:

Yoga •	• Cristianismo
Tótem •	• Judaísmo
Sinagoga •	• Islam
Nirvana •	• Hinduismo
Cruz •	• Budismo
Orar cinco veces al día •	• Tradicional

3 Las siguientes imágenes pertenecen a lugares sagrados para algunas de las religiones estudiadas. ¿Puedes identificar lugar y religión?

en la red

www.aunmas.com/religiones

En esta página puedes acceder a una selección de enlaces interesantes agrupados por distintas creencias.

books.google.es

Si en el buscador de libros de Google escribes el término "religiones" encontrarás obras muy interesantes sobre las religiones y sus concepciones. Pide a tu profesor/a que te oriente en la selección.

Dossier

Las religiones y los Derechos Humanos

En el año 1986, el papa Juan Pablo II convocó en la ciudad italiana de Asís, el primer encuentro ecuménico por la paz. En él participaron jefes y representantes de las Iglesias cristianas y de las religiones de todo el mundo. El "espíritu de Asís", tal y como se bautizó aquel primer encuentro, animaba el diálogo interreligioso y lo ligaba indisolublemente al compromiso por la justicia, la salvaguarda de la creación y la paz. En el *Decálogo de Asís para la paz* se encuentra un resumen de los compromisos adquiridos en aquel encuentro.

Lejos de los enfrentamientos religiosos de otras épocas, las distintas religiones que se extienden por el mundo unen sus esfuerzos al servicio de los más desfavorecidos defendiendo los derechos humanos y proclamando la necesidad de reafirmar la paz.

1 Nos comprometemos a proclamar nuestra firme convicción de que la violencia y el terrorismo se oponen al auténtico espíritu religioso, y, condenando todo recurso a la violencia y a la guerra en nombre de Dios o de la religión, nos comprometemos a hacer todo lo posible por erradicar las causas del terrorismo.

Reunión de líderes religiosos en Asís, Italia.

2 Nos comprometemos a educar a las personas en el respeto y la estima recíprocos, a fin de que se llegue a una convivencia pacífica y solidaria entre los miembros de etnias, culturas y religiones diversas.

3 Nos comprometemos a promover la cultura del diálogo, para que aumenten la comprensión y la confianza recíprocas entre las personas y entre los pueblos, pues estas son las condiciones de una paz auténtica.

4 Nos comprometemos a defender el derecho de toda persona humana a vivir una existencia digna según su identidad cultural y a formar libremente su propia familia.

5 Nos comprometemos a dialogar con sinceridad y paciencia, sin considerar lo que nos diferencia como un muro insuperable, sino, al contrario, reconociendo que la confrontación con la diversidad de los demás puede convertirse en ocasión de mayor comprensión recíproca.

6 Nos comprometemos a perdonarnos mutuamente los errores y los prejuicios del pasado y del presente, y a sostenernos en el esfuerzo común por vencer el egoísmo y el abuso, el odio y la violencia, y por aprender del pasado que la paz sin justicia no es verdadera paz.

9 Nos comprometemos a apoyar cualquier iniciativa que promueva la amistad entre los pueblos, convencidos de que el progreso tecnológico, cuando falta un entendimiento sólido entre los pueblos, expone al mundo a riesgos crecientes de destrucción y de muerte.

COMENTA

1. Busca información sobre el *Encuentro ecuménico por la paz*, celebrado en Asís en 1986. Investiga quiénes participaron en él y la razón de por qué se celebró en Asís.
2. ¿Crees que en la actualidad la religión es causa de enfrentamiento o de unión? Pon ejemplos concretos.
3. ¿Crees que las religiones influyen en el desarrollo de los pueblos o más bien lo frenan? ¿Se puede afirmar lo mismo de todas las religiones? Explica tu respuesta.

7 Nos comprometemos a estar al lado de quienes sufren la miseria y el abandono, convirtiéndonos en voz de quienes no tienen voz y trabajando concretamente para superar esas situaciones, con la convicción de que nadie puede ser feliz solo.

8 Nos comprometemos a hacer nuestro el grito de quienes no se resignan a la violencia y al mal, y queremos contribuir con todas nuestras fuerzas a dar a la humanidad de nuestro tiempo una esperanza real de justicia y de paz.

10 Nos comprometemos a solicitar a los responsables de las naciones que hagan todo lo posible para que, tanto en el ámbito nacional como en el internacional, se construya y se consolide un mundo de solidaridad y de paz fundado en la justicia.

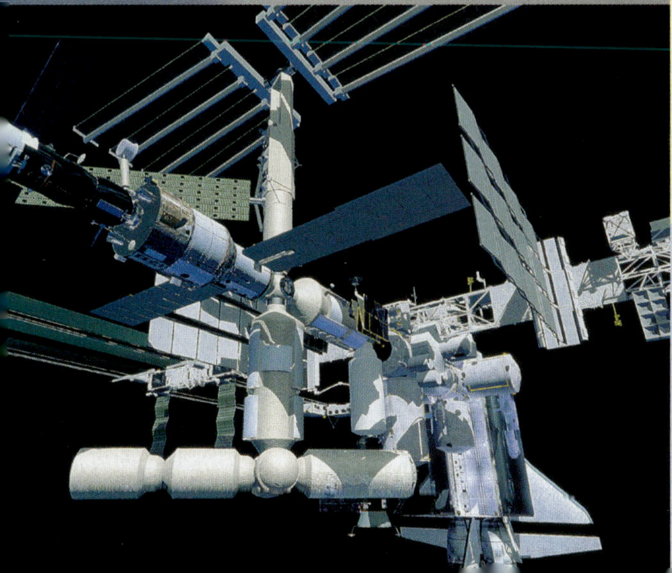

3

Dios crea y salva

Dentro del panorama de las religiones en el mundo, el Dios cristiano tiene unas características muy especiales y diferenciadoras. Es un Dios amor que sale de sí mismo para crear el mundo y la vida, y, por amor, envía a su Hijo para salvar y liberar al ser humano.

¿Sabías que ...?

- En todas las religiones conocidas existen relatos sobre el origen del mundo y algunos se parecen mucho entre sí.
- La teoría científica más extendida hoy sobre el origen del universo es la del *big bang*.
- Durante mucho tiempo se pensó que el universo se formó tal y como lo cuenta la Biblia.

¿Qué opinas?

– *Observa las fotografías de esta página. ¿Qué diferencia hay con las de la página anterior? ¿Crees que en ambos casos se puede hablar de "creación"? ¿Son las dos creaciones iguales?*

– *¿Crees que es compatible el mensaje de la Biblia sobre la creación y lo que afirma la ciencia sobre el origen del mundo y de la vida?*

– *¿Cuáles crees que son las preguntas a las que intentan responder los relatos de la creación?*

Lo que vamos a estudiar

➔ Los relatos de la Biblia que tratan de la creación del mundo, y del origen del hombre y de la mujer.

➔ Las enseñanzas que podemos extraer de estos relatos.

➔ Cómo la vida de Jesús y sus enseñanzas completan lo que Dios quiere para el mundo y para las personas.

1. Dios es creador

El origen de la vida según la Biblia

Entre los libros que componen la Biblia, se encuentran relatos que fueron escritos para dar respuesta a los interrogantes sobre el origen de la vida.

1 Observa con atención esta ilustración. Te ayudará a comprender mejor el relato de la creación del que nos habla la Biblia.

Los hebreos no se imaginaban el universo como hoy lo conocemos, por eso es muy importante saber cómo lo concebían.

- Para ellos el universo era como una gran esfera de agua.
- La mitad inferior de la esfera estaba llena de agua (las aguas inferiores).
- Sobre esa agua estaba la tierra sustentada por grandes pilares.
- La bóveda celeste era la mitad superior de la esfera y de ella colgaba el sol, la luna y las estrellas.
- La lluvia procedía de las aguas superiores.

Biblia didáctica. Madrid, Ediciones SM/PPC

2 El primero de los dos relatos de la creación lo encontramos en el Génesis (*Gn 1,1-25*). Léelo y comprueba en el texto los elementos que hemos visto en el dibujo anterior.

– Elabora un cuadro similar al de abajo pero con siete filas, una para cada día de la creación, y completa las cinco primeras.

– En la primera columna pon el día; en la segunda, qué es lo que Dios crea en ese día; y en la tercera, una palabra, un dibujo o signo que represente lo que se crea ese día.

Día	Elementos que se crean	Palabras, dibujos, signos
1º	*El cielo y la tierra* *La luz (el día y la noche)*	

3 Las salmos son un conjunto de poesías del Antiguo Testamento que manifiestan muchos sentimientos hacia Dios. Lee estos fragmentos de dos salmos. ¿Qué sentimientos reflejan en relación con la creación?

Los cielos proclaman la gloria de Dios,
el firmamento pregona la obra de sus manos;
el día al día le comunica el pregón,
la noche a la noche le transmite la noticia.
Allá, en lo alto, preparó una tienda para el sol,
y él, como un esposo que sale de su alcoba,
se recrea, campeón, recorriendo su carrera.
En un extremo del cielo tiene su salida,
y su órbita llega hasta el otro extremo,
y no hay nada que se escape a su calor.

(Sal 19,2-3.5b-7)

Porque el Señor es un Dios grande,
rey poderoso más que todos los dioses.
En sus manos están las simas de la tierra,
y suyas son las crestas de los montes;
suyo es el mar porque él lo hizo,
y la tierra firme,
que modeló con sus manos.
Entremos, postrémonos para adorarlo,
arrodillémonos ante el Señor,
creador nuestro.

(Sal 95,3-6)

leer y subrayar

Preguntas y respuestas

A lo largo de la historia todas las personas y todos los pueblos se han planteado preguntas similares sobre el origen del universo y de la vida: ¿De dónde venimos? ¿Cómo surgió la vida? ¿Quiénes somos? ¿Para qué vivimos? ¿Por qué se me ha regalado la vida si yo no lo he pedido? ¿Qué tiene que ver Dios con todo esto?

Todos necesitamos responder de alguna manera a estas preguntas. En algunos momentos de la vida, estos interrogantes adquieren más fuerza, especialmente cuando reflexionamos sobre quiénes somos o quiénes queremos ser.

La ciencia aporta algunas de las respuestas, pero no todas. Sabemos que venimos de un óvulo y de un espermatozoide, pero es más difícil averiguar el sentido de la vida. Precisamente las personas más felices son aquellas que han encontrado un sentido a su vida.

Todo lo que existe procede de Dios, es un regalo suyo.

Las respuestas de la Biblia

La Biblia no es un libro de información científica. El pueblo de Israel creía profundamente que todo lo existente procede de Dios, por eso y para expresar esa creencia, recopiló los relatos de los pueblos de su entorno y los adaptó a su propio lenguaje.

Lo importante en estos relatos no es la narración del hecho, sino las enseñanzas religiosas que nos quieren transmitir. La Biblia no tiene autoridad científica para decir "cómo" apareció el universo, pero sí tiene autoridad moral para decirnos "por qué y para qué" existen el mundo y la vida. Esta es la enseñanza que debemos buscar en sus relatos.

Dios crea por amor

La primera enseñanza que nos transmite el relato de la creación es que todo lo que existe, eso que llamamos universo y vida, procede de Dios. Dios ha querido salir de sí mismo. Es la palabra de Dios la que hace surgir los seres. Entre la nada y la vida, Dios elige la vida. Dios es creador.

La segunda es que todo lo que existe es un don y un regalo de Dios y debe desarrollarse siempre al servicio de la vida. Dios es señor de la naturaleza y de la vida. Dios quiere la vida, no la destrucción.

La tercera enseñanza nos dice que todo lo creado es bueno porque procede de Dios. En el origen del universo y de la vida está el amor de Dios que se derrama sobre todas las criaturas.

La naturaleza nos habla de Dios

La contemplación y la admiración de la naturaleza nos acercan a Dios. Apreciar la belleza y la maravilla que supone la naturaleza, nos proporciona un sentimiento de paz y de plenitud que nos hace vivir la presencia de ese Dios amor que nos regala la vida.

en la red

www.encuentra.com

www.es.catholic.net

Escribiendo en el buscador de estas páginas La creación, encontrarás algunos artículos interesantes sobre el tema.

2. Hombre y mujer, imagen de Dios

A imagen y semejanza de Dios

La creación quedó concluida cuando Dios creó al hombre y a la mujer a imagen y semejanza suya, los bendijo y les entregó todo cuanto había creado.

1 En la anterior actividad hemos interrumpido el relato de la creación en el quinto día. Concluye la lectura del primer relato de la creación *Gn 1,26-2,3* y realiza las siguientes actividades.

- Completa el cuadro de los días de la semana con la información de esta lectura.
- ¿Encuentras alguna evolución entre lo que se creó el primer día y la creación del ser humano?
- Escribe tres características del ser humano que lo diferencian de lo que Dios creó en los días anteriores.

Miguel Ángel, *Creación de Eva*. Capilla Sixtina

2 Completa este segundo relato de la creación del hombre y de la mujer, también del Génesis, seleccionando la palabra adecuada de entre las que tienes en la parte inferior del cuadro. ¿En qué se parece al primero? ¿Qué diferencias encuentras? ¿Cuál es, según tu opinión, el mensaje central de este segundo relato?

El Señor Dios pensó: No es bueno que el .... esté solo; voy a proporcionarle una .... adecuada. Entonces el Señor Dios hizo caer al hombre en un letargo, y mientras dormía le sacó una .... y llenó el hueco con carne. Después, de la costilla que había sacado al hombre, el Señor Dios formó una .... y se la presentó al hombre. Entonces este exclamó:

–Ahora sí; esto es hueso de mis huesos y carne de mi carne; por eso se llamará varona, porque del .... ha sido sacada. Por esta razón deja al hombre a su .... y a su .... y se une a su mujer, y los dos se hacen uno solo. Estaban ambos desnudos, el hombre y su mujer, pero no sentían .... el uno del otro.

(Gn 2,18.21-25)

hombre – mujer – madre – costilla – varón – vergüenza – padre – ayuda

3 Observa estos dos cómics. El personaje central es Dios.

- Fíjate en la viñeta de la izquierda. ¿Por qué crees que se afirma que el hombre es la obra maestra de la creación?
- Observa la viñeta de la derecha. ¿Qué denuncia?

José Luis Cortés, *Agenda 1996*. Madrid, PPC

A imagen y semejanza de Dios

La gran afirmación que surge de los relatos sobre la creación del ser humano es que somos imagen y semejanza de Dios. Esto significa que toda persona, en todas sus dimensiones (corporal, espiritual, afectiva, etc.), posee una semilla de lo que Dios es. Por eso, el ser humano es capaz de relacionarse con la naturaleza, con las demás personas y, sobre todo, puede relacionarse con Dios. Esta es la gran diferencia del ser humano con el resto de la creación: su relación con Dios hace del ser humano la cima de la creación.

La persona, hombre o mujer, es imagen de Dios.

Iguales y llamados a la comunión

La segunda gran afirmación sobre el ser humano es que todos los hombres y mujeres han nacido del amor de Dios y, por tanto, todos somos iguales. Todos y cada uno de los seres humanos que habitamos la tierra somos imagen y semejanza de Dios, esa es nuestra grandeza y nuestra dignidad.

Cuando hablamos de ser humano nos referimos conjuntamente a la mujer y al varón. Dios ha querido que existiéramos como hombres y como mujeres. En realidad, la pareja humana manifiesta con su relación de amor que el ser humano es imagen y semejanza del Dios que crea por amor.

Dios crea colaboradores

Al ser humano, hombre y mujer, se le entrega la responsabilidad de cuidar la creación. Esta responsabilidad se debe ejercer para proteger la vida:

- En relación con la naturaleza, sentirnos integrados en el mundo natural conservándolo como un regalo de Dios.
- En relación con los demás seres humanos, crear lazos y desarrollar las culturas que permitan el avance pleno de todas las personas.
- En relación con Dios, hacer brotar la imagen y semejanza de Dios que todos llevamos dentro, hasta la definitiva unión con él.

Responsables de lo creado

Con sus capacidades, los seres humanos se convierten en colaboradores. Dios lo ha querido así. Las personas transforman y cuidan la tierra que han recibido. Deben esforzarse por poner a punto una tierra donde se pueda vivir y en la que todos los pueblos encuentren un lugar para desarrollarse. Han de trabajar por construir un mundo fraterno donde la justicia y la paz hagan retroceder la miseria y la violencia. Dios hace a los hombres creadores para que junto a él continúen la creación.

ACTIVIDADES

¿Qué denuncia este texto emitido por la ONU? ¿Crees que en la sociedad actual se cumple la enseñanza bíblica de que hombre y mujer son imagen de Dios? Justifica la respuesta.

"La discriminación contra la mujer viola los principios de la igualdad de derechos y del respeto de la dignidad humana, dificulta la participación de la mujer, en las mismas condiciones que el hombre, en la vida política, social, económica y cultural de su país, constituye un obstáculo para el aumento del bienestar de la sociedad y de la familia y entorpece el pleno desarrollo de las posibilidades de la mujer para prestar servicio a su país y a la humanidad."

3. ¿Era todo tan bueno?

La tentación

Con la creación del hombre y la mujer Dios dio por completada su obra creadora. Pero pronto cayeron en la tentación de querer ser como su creador.

Aquí tienes un resumen del relato bíblico sobre el paraíso terrenal y la expulsión de Adán y Eva del mismo. Léelo siguiendo este guión de trabajo.

- Imagina este relato como una representación de una obra teatral en tres actos. Haz en tu cuaderno un cuadro como el que tienes al final de esta página y rellena las casillas. Describe el escenario e identifica a los personajes.
- Pon un título a cada uno de los tres actos y describe la acción que se desarrolla en cada uno de ellos.
- Según este relato, ¿por qué se rompe la situación de armonía que Dios había previsto para el hombre?

El Señor Dios plantó un huerto en Edén, al oriente, y en él puso al hombre que había formado. Hizo brotar del suelo toda clase de árboles hermosos y buenos para comer. Y dio al hombre este mandato: "Puedes comer de todos los árboles menos del árbol del conocimiento del bien y del mal porque si comes de él morirás".

La serpiente era el más astuto de los animales y dijo a la mujer: "Si coméis del árbol prohibido no moriréis, lo que pasa es que se os abrirán los ojos y seréis como Dios". La mujer tomó de su fruto y comió y se lo dio también a su marido que también comió. Entonces se les abrieron los ojos y se dieron cuenta de que estaban desnudos, entrelazaron unas hojas de higuera y se las ciñeron.

Oyeron después los pasos del Señor Dios que se paseaba por el huerto al fresco de la tarde y el hombre y la mujer se escondieron. Pero Dios llamó al hombre y este respondió:

"Oí tus pasos, tuve miedo y me escondí porque estaba desnudo". El Señor replicó: "¿Quién te hizo saber que estabas desnudo? ¿Has comido acaso del árbol prohibido?".

Entonces el Señor dijo a la mujer: "Multiplicaré los dolores de tu preñez, parirás a tus hijos con dolor". Y dijo al hombre: "Con fatiga comerás los frutos de la tierra. Con el sudor de tu frente comerás el pan hasta que vuelvas a la tierra porque eres polvo y al polvo volverás". El Señor Dios hizo para Adán y su mujer unas túnicas de piel y los vistió. El Señor Dios los expulsó del huerto del Edén para que trabajasen la tierra.

ver *Gn 2,8-3,24*

MASOLINO, *Adán y Eva en el Paraíso*. Capilla Brancacci

	Descripción	
Escenario		
Personajes que intervienen		
	Título	**Acción**
Primer acto: Planteamiento		
Segundo acto: Nudo		
Tercer acto: Desenlace		

Un mundo roto

Los relatos de la creación, que hemos analizado en las páginas anteriores, nos presentan un mundo en el que todo era bueno. Sin embargo, en el relato bíblico que acabamos de analizar, vemos que el mal y el dolor se hacen presentes. ¿Qué ha sucedido? ¿Era todo tan bueno?

Basta con mirar un periódico para comprobar que nuestro mundo está roto. El dolor y el sufrimiento existen de múltiples formas: marginación, injusticias, desigualdades, guerras... La presencia de estos males conduce a las personas a preguntarse por el verdadero sentido de la vida.

Estas mismas preguntas que se hace hoy el ser humano se las hacía ya el pueblo de Israel que encontró la respuesta en la fe en Dios creador. Esta enseñanza la expresó en el relato de la tentación, caída y expulsión del paraíso.

El mal y la injusticia siguen existiendo en sus múltiples formas.

Lo que Dios quiere para el ser humano

El relato sobre el jardín que Dios plantó para el hombre y la mujer nos muestra la auténtica voluntad de Dios para la creación: la armonía en las relaciones entre el hombre y la mujer, y de ambos con la naturaleza y con Dios. Por esa voluntad de Dios, no se avergonzaban de estar desnudos y podían comer y alimentarse de todo mientras Dios paseaba al atardecer por el jardín. Este es el gran ideal que Dios quiere para toda la humanidad y la creación.

La ruptura del pecado

Frente a esa voluntad de Dios, el hombre opta por la ruptura. Él mismo quiere sustituir a Dios decidiendo personalmente lo que es bueno y malo sin contar con Dios. Es un acto de soberbia del ser humano hacia su creador el no aceptar ser la criatura que Dios quiere. Somos seres limitados y el gran pecado es considerarnos con poder de manipular.

Este pecado no destruye todo lo bueno que Dios entrega al ser humano, pero produce una constante inclinación al mal. A esta inclinación al mal la llamamos tentación. Hemos sido creados libres, con capacidad para hacer el bien y el mal, pero el pecado nos arrastra al mal.

El ser humano busca encontrar sentido a la vida.

El riesgo y la grandeza de nuestra libertad

Podemos construir, pero también destruir; deseamos un mundo mejor, pero existen los odios y las guerras; gozamos de la naturaleza, pero también la destruimos. El cristiano sabe que la libertad no solo es un derecho sino también una gran responsabilidad.

El cristiano es muy consciente de la inclinación al mal del ser humano y, por tanto, de que somos capaces de hacer daño, de hacer sufrir y de destruir la naturaleza. Es el riesgo y la grandeza de nuestra libertad.

La vida del cristiano supone precisamente acercarse más a Dios porque él es el auténtico maestro que nos enseña a vivir nuestra libertad.

4. La buena noticia de Jesucristo

Dios envía a Jesucristo

Jesucristo es el mejor testimonio que tenemos de que Dios quiere restaurar la relación de armonía entre él y los seres humanos.

1 Estos textos del Nuevo Testamento expresan cómo los primeros cristianos vivieron lo que Jesús les había aportado. Léelos y responde: ¿Qué dicen sobre Jesús? ¿Qué les ha traído?

- Muchas veces y de muchas maneras habló Dios antiguamente a nuestros antepasados por medio de los profetas; ahora en este momento final nos ha hablado por medio del Hijo, a quien constituyó heredero de todas las cosas y por quien hizo también el universo *(Heb 1,1-2)*.
- Mientras éramos menores de edad, vivíamos esclavizados por las potencias cósmicas. Pero cuando llegó la plenitud de los tiempos, Dios envió a su propio Hijo, nacido de mujer, nacido bajo el régimen de la ley *(Gál 4,3-4)*.
- Y por medio de él reconciliar consigo todas las cosas, tanto las del cielo como las de la tierra, trayendo la paz por medio de su sangre derramada en la cruz *(Col 1,20)*.

2 El mismo Jesús explicó cuál era el sentido de su misión. Aquí tienes algunas frases de las palabras que Jesús dijo a sus discípulos en la despedida antes de morir. ¿Qué expresiones utiliza Jesús para explicar que él es el que une definitivamente a los hombres y Dios?

- "En la casa de mi Padre hay muchas mansiones. Cuando haya ido os tomaré conmigo para que donde esté yo estéis también vosotros".
- "Yo soy el camino, la verdad y la vida. Nadie va al Padre sino por mí".
- "El Padre mismo os quiere. Salí del Padre y he venido al mundo. Ahora otra vez dejo el mundo y vuelvo al Padre".

Nando y Demetrio, *Jesús, centro de la Historia de la Salvación*. Madrid, Ediciones Paulinas

3 Este cuadro representa el momento en que el ángel anuncia a María que va a ser madre de Jesús, pero también hay otra escena.

- ¿Quiénes son los dos personajes que están en el ángulo superior izquierdo? ¿Qué escena de las que hemos estudiado representa?
- ¿Qué relación puede tener esta escena con la de la anunciación del ángel a María? ¿Por qué crees que el pintor las ha puesto juntas?

Fra Angélico, *La Anunciación*. Madrid, Museo del Prado

No estamos solos

Dios no abandonó al ser humano a su suerte, sino que inició todo un largo proceso de diálogo y de cercanía con él. Este largo camino de relación entre Dios y el ser humano está recogido en toda la historia del Antiguo Testamento. En él encontramos las iniciativas que Dios ha ido tomando, desde la llamada de Abrahán, la obra de Moisés, el reinado de David, los profetas y muchos más, hasta llegar a María, la madre de Jesús. Toda la intención de Dios es restaurar esa relación de armonía entre Dios y los seres humanos.

Pero entre todas esas relaciones de Dios con la humanidad existe un acontecimiento clave: Dios envía a Jesucristo, su propio Hijo, para restablecer definitivamente la relación entre Dios y el hombre, conseguir así una nueva humanidad liberada y salvada del pecado. Solos no podemos superar nuestra inclinación al mal.

PIERO DELLA FRANCESCA, *Natividad*.
Dios envía a su propio Hijo para liberar a la humanidad.

La salvación de Jesús

La gran noticia que los primeros cristianos nos transmiten, es que Jesucristo ha traído la liberación del pecado. ¿No era precisamente el pecado el origen del mal? A partir de la muerte y resurrección de Jesús, se restablece para siempre la relación con Dios lo cual impulsa una nueva relación con los demás seres humanos y con la misma naturaleza. Jesucristo es el camino para vivir aquella armonía que Dios quería para toda la creación.

El camino de Jesús

Pero Jesús no llevó a cabo esta obra con medios espectaculares, sino haciéndose hombre, es decir, compartiendo la vida de los seres humanos. Esta es la gran maravilla de la obra de Jesús. Él solo puede llevar a cabo esa misión por medio del amor más puro, porque Dios quiere el amor para toda la creación. Por eso Jesús se entrega especialmente a los más necesitados, para llevarles en persona el amor que Dios les tiene. Y por eso muere en la cruz de manera completamente injusta, porque los poderosos de su tiempo no lo aceptan.

El camino de los cristianos

El cristiano vive día a día esta cercanía de Jesucristo que le libera del pecado. Así va venciendo su propia inclinación al mal. A partir de esa experiencia de vivir en el amor de Dios, el cristiano se compromete como Jesús a trabajar para recuperar la armonía entre los seres humanos. Con la salvación que Jesucristo trae, toda la creación puede caminar hacia aquello que el Dios creador quiere: la armonía de los seres humanos con Dios, la armonía entre ellos y la armonía con la naturaleza.

MASACCIO, *El tributo* (fragmento).
Jesús es el camino.

Síntesis

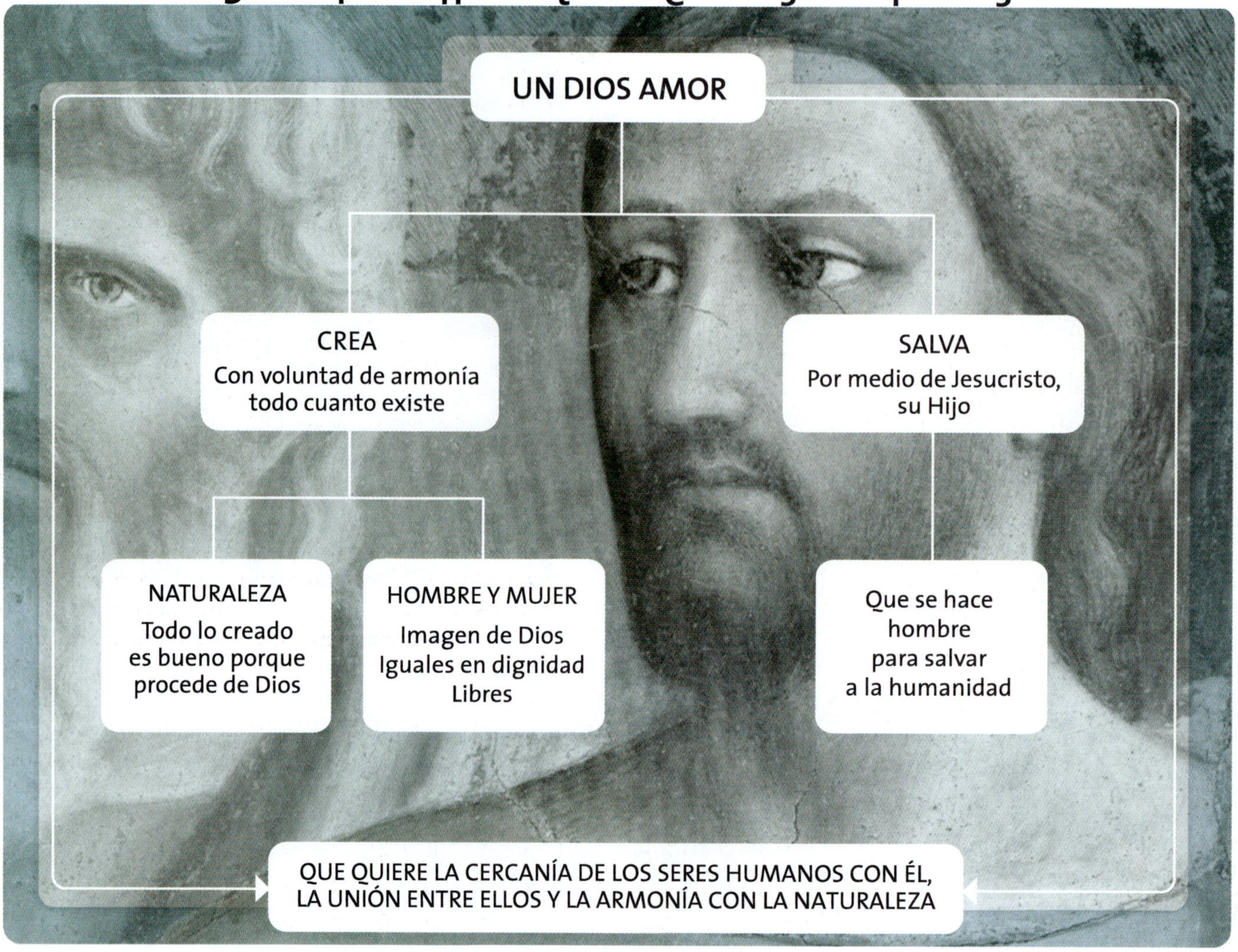

RELACIONA

► Relaciona los contenidos de estos textos con lo visto en esta unidad.

Nada existe que no deba su existencia a Dios creador. El mundo comenzó cuando fue sacado de la nada por la palabra de Dios; todos los seres existentes, toda la naturaleza, toda la historia humana están enraizados en este acontecimiento primordial: es el origen gracias al cual el mundo es constituido, y el tiempo ha comenzado (CIC n.º 338).

Dios actúa en las obras de sus criaturas. Esta verdad, lejos de disminuir la dignidad de la criatura, la realza (CIC n.º 308).

El hombre, cuando examina su corazón, comprueba su inclinación al mal y se siente anegado por muchos males, que no pueden tener origen en su santo Creador (CONCILIO VATICANO II, *Gaudium et spes*, 13).

► ¿Qué relación establece san Francisco entre las criaturas y el Creador?

Loado seas, mi Señor, por todas tus criaturas,
especialmente por el hermano sol,
que alumbra, y abre el día y es bello en su esplendor,
y lleva por los cielos noticia de su autor.

Loado seas, mi Señor, por nuestra hermana tierra,
que es toda bendición, la hermana madre tierra,
que da en toda ocasión las hierbas y los frutos
y flores de color, y nos sustenta y rige:
¡Loado mi Señor!

Servidle con ternura y humilde corazón.
Agradeced sus dones, cantad su creación.
Las criaturas todas, load a mi Señor.

FRANCISCO DE ASÍS,
Cántico de las criaturas

1 Observa las siguientes imágenes.

- ¿Qué crees que quiere decir el autor de la primera imagen? ¿Estás de acuerdo con lo que expone?
- ¿Qué denuncia la imagen de abajo?
- Describe situaciones parecidas a las que muestran las imágenes y propón iniciativas para solucionar estos problemas.

STAN EALES, *El libro del Ecohumor*. Madrid, Ediciones SM

2 Pierre Teilhard de Chardin, científico y teólogo francés, escribió una obra titulada *Himno a la materia*. Lee este fragmento y trata de expresar con palabras tuyas su contenido.

La presencia de Dios aparece de una manera tan general, estamos tan rodeados y penetrados por ella, que ni siquiera nos queda sitio para postrarnos de rodillas, ni siquiera en lo más íntimo de nosotros. A través de todas las criaturas sin excepción nos asedia lo divino, penetra en nosotros y nos impregna.

El mundo, este mundo que palpamos con las manos, frente al cuál dábamos muestras de aburrimiento y falta de respeto, que teníamos por un lugar profano, este mundo es un lugar sagrado, y nosotros no lo sabíamos. Venid, adoremos.

3 Lee el relato de la creación *(Gn 1,1-2,3)* y busca en esta sopa de letras diez obras creadas por Dios que en él aparecen.

S	E	R	E	S	V	I	V	O	S	A
S	L	U	N	R	E	S	T	A	G	W
A	T	V	Ñ	R	B	A	R	U	E	P
L	I	M	E	V	R	E	A	X	S	R
L	E	B	R	A	R	S	Z	U	L	E
E	R	V	B	B	I	P	E	R	T	J
R	R	E	M	I	C	I	E	L	O	U
T	A	U	O	M	I	U	Y	U	X	M
S	L	E	H	O	R	I	S	D	Ñ	U
E	N	O	I	C	A	T	E	G	E	V

4 Lee este fragmento del salmo 8 y escribe los sentimientos que expresa cuando habla del ser humano y de su relación con Dios y con la naturaleza.

¿Qué es el hombre para que te acuerdes de él,
el ser humano para que de él te cuides?
Lo hiciste inferior a un dios,
coronándolo de gloria y esplendor;
le diste el dominio sobre la obra de tus manos,
todo lo pusiste bajo sus pies:
rebaños y vacadas, todos juntos,
y aun las bestias salvajes;
las aves del cielo, los peces del mar
y todo cuanto surca las sendas de las aguas.

El relato de la creación en el arte

Los primeros capítulos del Génesis, y en particular el relato bíblico de la creación, han sido siempre una fuente importante de inspiración para pintores, escultores, músicos y artistas en general. Todas las artes han reproducido las escenas de la creación de manera muy diversa, pero ha sido la pintura la que más ha recreado los hechos narrados en los primeros capítulos de la Biblia.

En la Catedral de Girona se encuentra el *Tapiz de la Creación*, obra que data de finales del siglo XI o comienzos del siglo XII. A grandes rasgos, destacan dos círculos concéntricos: el menor, que se encuentra en el centro, representa a Jesús (Pantocrátor). La circunferencia mayor está dividida en ocho partes que forman una alegoría del Génesis, especialmente de la creación.

JACOBO TORRITI, *Dios creador* (siglo XIII)

TINTORETTO, *La creación de los animales* (siglo XVI)

Los artistas han querido expresar en sus obras no solo la literalidad de lo que dice el relato bíblico sino también el mensaje religioso que transmite: Dios ha creado todo por amor; todo lo creado es bueno porque procede de Dios; él quiere la vida, no la destrucción.

MORITZ SCHWIND, *La creación* (siglo XIX)

ANÓNIMO, *Creación de Eva. Tentación*. Chantilly (siglo XIII)

COMENTA

1. Muchos artistas han tratado el tema de la creación ¿Crees que han reflejado fielmente el espíritu del relato bíblico? ¿En qué te basas?
2. Una de las imágenes más reproducidas es la de Adán y Eva. ¿Conoces otras obras sobre estos personajes? ¿Consideras que hay unas obras más adecuadas que otras?
3. ¿Qué dice la canción de Shakira sobre la creación? ¿Conoces grupos o cantantes actuales que tengan algún tema relacionado con la creación?

El relato bíblico de la tentación ha sido plasmado en el lienzo de forma similar, pero con matices distintos como puede verse en estos cuadros, especialmente en la relación entre Adán y Eva.

DURERO, *Adán y Eva* (siglo XVI)

TIZIANO, *Adán y Eva* (siglo XVI)

LEMPICKA, *Adán y Eva* (siglo XX)

Los compositores, tanto clásicos como los actuales, se han inspirado en los relatos de la creación para realizar algunas de sus obras: Haydn (siglo XVIII) y Shakira (siglo XXI) son un ejemplo de ello.

Octavo día

El octavo día,
Dios, después de tanto trabajar
para liberar tensiones, luego ya de revisar
dijo todo está muy bien, es hora de descansar
y se fue a dar un paseo por el espacio sideral.

Quién se iba a imaginar
que el mismo Dios al regresar,
iba a encontrarlo todo en un desorden infernal,
y se iba a convertir en un desempleado más
de la tasa que anualmente está creciendo sin parar.

Desde entonces hay quienes lo han visto solo en las calles transitar.
Anda esperando paciente por alguien
con quien al menos tranquilo pueda conversar.

Mientras tanto este mundo
gira y gira sin poderlo detener,
y aquí abajo unos cuantos
nos manejan como fichas de ajedrez.
No soy la clase de idiota que se deja
convencer pero digo la verdad,
y hasta un ciego lo puede ver (...).

SHAKIRA, en *Dónde están los ladrones*

4

Jesús, el mesías anunciado

En Jesús sucede algo que resulta desconcertante y sólo puede explicarse por amor: Dios ha querido hacerse hombre y compartir nuestra propia vida. En este tema vamos a conocer cómo fueron los comienzos de este bello encuentro entre Dios y los hombres.

¿Sabías que ...?

- Se desconoce el año y el día exactos en que Jesús nació. Las fechas en que actualmente se celebra su nacimiento se fijaron en el siglo v.
- En tiempos de Jesús, el pueblo de Israel estaba sometido a los romanos. Antes, fue esclavo en Egipto, deportado a Nínive y Babilonia, e invadido por persas y griegos.
- En tiempos de Jesús, cuando nacía un niño, el padre le susurraba al oído la fórmula más importante de la fe hebrea: "Escucha, Israel, el Señor es nuestro Dios, el único Señor".

¿Qué opinas?

– *Fíjate en las tres imágenes de esta página. ¿A qué hechos de la vida de Jesús se refieren?*

– *Seguro que sabes algo sobre el nacimiento y la infancia de Jesús. Intenta recordar algunos hechos.*

– *¿Consideras que Jesús es el personaje más importante de la historia de la humanidad? Razona tu respuesta.*

Lo que vamos a estudiar

➔ La esperanza del pueblo de Israel en la venida de un mesías.

➔ Los relatos de la infancia de Jesús.

➔ Quiénes fueron los primeros discípulos de Jesús y cómo respondieron a su llamada.

➔ La relación que tenía Jesús con Dios, al que llamaba Padre.

Fotogramas de la película *Jesús de Nazaret*, de FRANCO ZEFFIRELLI

1 El pueblo de Israel esperaba un mesías

Esperando al mesías

El pueblo de Israel deseó y esperó durante siglos que viniera el mesías. Pero cuando llegó, muchos no lo reconocieron.

1 El pueblo de Israel reflexionó sobre su pasado y descubrió que toda su historia estaba abocada a la venida de un mesías, un salvador.

– Fíjate en los textos de los profetas escritos cientos de años antes de la venida del mesías. ¿Qué anuncian? ¿Qué títulos dan a ese mesías? ¿Cuál es su misión?

El Señor mismo os dará una señal: Mirad, la joven está encinta y dará a luz un hijo, a quien pone el nombre de Emmanuel (Is 7,14).

Porque un niño nos ha nacido, un hijo se nos ha dado. Sobre sus hombros descansa el poder y es su nombre: "Consejero prudente, Dios fuerte, Padre eterno, Príncipe de la paz" (Is 9,5).

Este es mi siervo a quien sostengo, mi elegido en quien me complazco. He puesto sobre él mi espíritu, para que traiga la salvación a las naciones (Is 42,1).

Cumpliré la promesa que hice a Israel y a Judá. Entonces, en aquellos días, suscitaré a David un descendiente legítimo que practicará el derecho y la justicia en la tierra (Jr 33,14-15).

2 Lee estos textos del evangelio.

–¿Qué actitud tenían los contemporáneos de Jesús ante la venida del mesías?

–¿Qué esperaban de él?

El pueblo estaba a la expectativa y todos se preguntaban si no sería Juan el mesías (Lc 3,15).

Juan, que había oído hablar en la cárcel de las obras del mesías, envió a sus discípulos a preguntarle: –¿Eres tú el que tenía que venir, o hemos de esperar a otro? (Mt 11,2-3).

Nosotros esperábamos que él (Jesús) fuera el libertador de Israel. Y, sin embargo, ya hace tres días que ocurrió esto (Lc 24,21).

Fotograma de la película *Jesús de Nazaret*. El pueblo se preguntaba si Juan no sería el mesías.

3 En la viñeta de la izquierda hay dos planos muy definidos: un grupo de personas que clama (plano de la izquierda) y un señor entre pergaminos sobre el que hay un reloj (plano de la derecha). ¿Qué crees que ha querido transmitir el dibujante con esta viñeta?

– ¿Qué relación tienen las dos viñetas con los textos que hemos visto anteriormente?

NANDO, *Jesús, centro de la Historia de la salvación*. Madrid, Paulinas

Todos esperaban un mesías

El pueblo de Israel había vivido una historia llena de opresiones y esclavitudes: primero, en Egipto; después, en Nínive y Babilonia. Ya afincados en su tierra, sufrieron la invasión de los imperios más fuertes del momento: el persa, el heleno, el romano.

En esta situación de dominio extranjero y de injusticia social, el pueblo esperaba la llegada de un personaje que lo librara de la esclavitud y le trajera la libertad. A este personaje le llamaban *mesías*.

La palabra *mesías* (en griego *Cristo*) es hebrea y significa *ungido*, es decir, aquel sobre el que se ha derramado aceite. Según la Biblia, Dios elige a ciertas personas para realizar una misión especial. A estas personas, a veces, se les unge la cabeza con aceite, como signo de elección divina.

Al igual que en otras épocas, en tiempo de Jesús el pueblo judío esperaba un mesías poderoso que le devolviera la libertad perdida.

El pueblo judío esperaba un mesías poderoso que le devolviera la libertad perdida.

Las profecías sobre el Salvador

A lo largo del Antiguo Testamento los profetas se encargan de mantener viva la esperanza en un salvador que liberaría al pueblo.

A este liberador, a este mesías, los profetas le nombran de diversas maneras: *Hijo de David*, porque debía pertenecer al linaje del rey más importante de Israel; *Emmanuel*, que significa "Dios con nosotros"; *Príncipe de la paz*, puesto que traerá la paz al mundo; *Siervo de Yave*, porque cargará con todos los pecados de los hombres y traerá la salvación a todas las naciones.

Un hombre llamado Jesús

Cuenta la Biblia que al llegar la plenitud de los tiempos, en Belén, la ciudad de David, nació Jesús. Su infancia y juventud pasaron desapercibidas para sus contemporáneos.

Cuando detuvieron a Juan el Bautista, Jesús comenzó a proclamar la buena noticia de Dios. Decía: "El plazo se ha cumplido. El reino de Dios está llegando. Convertíos y creed en el evangelio". Fue entonces cuando sus contemporáneos comenzaron a conocer a Jesús.

Peregrinó por tierras de Galilea, Samaría y Judea. En Jerusalén fue apresado y ejecutado en una cruz.

Jesús, un mesías distinto al esperado

Jesús no se presenta como un mesías triunfante ni como un caudillo militar. No hace uso de la fuerza, ni utiliza su poder para convencer a los demás para que crean en él. Jesús no promueve una rebelión contra los romanos, ni pretende restaurar la monarquía del rey David.

Nadie esperaba un mesías pobre y humilde; y, mucho menos, que el mismo Dios se hiciera presente en la historia de los hombres. Y, sin embargo, todo el proceso de revelación de Dios que está plasmado en la Biblia llega a su cima con Jesús, que nos muestra definitivamente a Dios.

en la red

www.encuentra.com

Entra en el apartado Jesucristo y después en cristología. Aquí encontrarás varios artículos relacionados con el tema de estudio. Por ejemplo el titulado "El mesías prometido" que, a su vez, nos remite a otros como "En Jesús se cumplen las promesas" o "En Cristo se cumplen las promesas".

2. Jesús es el mesías esperado

Mis ojos han visto al Salvador

Cuando Mateo y Lucas narran el nacimiento de Cristo, no pretenden hacer un informe detallado del mismo sino que resaltan la misión de Jesús.

1 En los evangelios de Lucas y Mateo la infancia de Jesús aparece descrita como un gran retablo en pequeñas escenas. Esta actividad nos permitirá conocer cuáles son.

– Confecciona en grande dos cuadros como los que aquí aparecen.

– Localiza en la Biblia los relatos de Lucas (*Lc 1,5-2,52*) y de Mateo (*Mt 1,1-2,23*) sobre la infancia de Jesús.

– Lee con atención los textos bíblicos y, al tiempo, completa los siguientes cuadros.

Evangelio de Lucas	Personajes que intervienen	Lo que narra el evangelista
1. Anuncio del nacimiento de Juan	*Gabriel Zacarías*	*Un ángel anuncia a Zacarías que va a ser padre de Juan*
2. Anuncio del nacimiento de Jesús		
3. María visita a Isabel		
4. Nacimiento de Juan		
5. Nacimiento de Jesús		
6. Anuncio a los pastores		
7. Circuncisión y presentación en el Templo		
8. Jesús entre los doctores		

Evangelio de Mateo	Personajes que intervienen	Lo que narra el evangelista
1. Genealogía de Jesús	*Antepasados de Jesús*	*La lista de los antepasados de Jesús*
2. Nacimiento de Jesús		
3. Los sabios de Oriente		
4. Huida a Egipto		

2 Responde a estas preguntas a partir de los cuadros que has elaborado:

– ¿Qué personas tienen mayor protagonismo en el evangelio de Mateo? ¿Y en el de Lucas?

– Describe con tres adjetivos calificativos la actitud de José y de María en estos relatos.

– ¿Qué hechos narra Mateo que no están en Lucas?

3 Observa esta cruz. Contiene diversas escenas de los relatos de la infancia de Jesús, excepto la de abajo.

– Indica cuáles son estas escenas.

– Relaciona cada una de las frases del evangelio, que tienes más abajo, con la escena correspondiente.

a) *No temas, María, concebirás y darás luz a un hijo al que pondrás por nombre Jesús (Lc 1,31).*

b) *Dio a luz a su hijo primogénito, lo envolvió en pañales y lo acostó en un pesebre (Lc 2,7).*

c) *José tomó al niño y a su madre de noche, y partió hacia Egipto (Mt 2,14).*

d) *Llevaron al niño a Jerusalén para presentarlo al Señor (Lc 2,22).*

e) *Cuando Isabel oyó el saludo de María, el niño empezó a dar saltos en su seno (Lc 1,41).*

f) *Vieron al niño con su madre, lo adoraron y le ofrecieron sus regalos (Mt 2,11).*

Los relatos de la infancia de Jesús

Sobre la infancia de Jesús sabemos muy pocas cosas. Lo que conocemos se centra en los acontecimientos cercanos a su nacimiento. Estos hechos solo son narrados en los evangelios de Mateo y Lucas: son los llamados evangelios de la infancia.

Mateo y Lucas coinciden en lo esencial, aunque algunos hechos solo los narren uno de los dos. Los evangelistas no pretendieron elaborar una biografía detallada de Jesús, sino un relato que explicase quién era y cómo lo veían los primeros cristianos.

La madre de Jesús se llama María.

Las escenas más importantes de estos relatos

Lo que Mateo y Lucas quieren decir con los hechos narrados es lo siguiente:

- **La genealogía de Jesús:** Al incluir una larga lista sobre los antepasados de Jesús, los evangelistas nos quieren decir que Jesús pertenece al pueblo de Israel y que es el mesías esperado.
- **El anuncio del nacimiento de Jesús:** Mateo afirma que Jesús fue concebido por María sin que esta hubiera tenido relaciones sexuales. Con ello quiere indicar que el embarazo de María se debe a la acción del Espíritu Santo. Lucas otorga a María un gran protagonismo: acepta la misión encomendada por Dios. Así destaca la importancia de María en la historia de la salvación.
- **María visita a Isabel:** Se trata del encuentro de ambas mujeres, y también del de sus hijos, Jesús y Juan. María responde a las alabanzas de Isabel con un bello poema que conocemos con el nombre de *Magnificat*. En este canto de alabanza, María da gracias a Dios porque en ella se han cumplido las promesas anunciadas en el Antiguo Testamento.
- **El nacimiento de Jesús:** Lucas indica que Jesús nació en Belén, para dejar clara la relación de Jesús con el rey David que también nació en esa ciudad.
- **Los sabios de Oriente:** Vienen de un país lejano. Con ello el evangelista Mateo quiere indicar que Jesús nace para salvar a todas las personas del mundo y no solo a los habitantes de Israel.
- **Persecución de Herodes y huida a Egipto:** Con esta escena Mateo recuerda lo que hicieron los antepasados de Jesús: la esclavitud de Egipto y el éxodo hacia la tierra prometida.
- **Presentación de Jesús en el templo:** Los ancianos Simeón y Ana representan a todo el pueblo judío; identifican a Jesús como el salvador de todos los pueblos.

Jesús iba creciendo en sabiduría, en estatura y en aprecio ante Dios y ante los hombres.

¿Quién es Jesús?

Los relatos bíblicos sobre la infancia de Jesús nos muestran que:

–**Jesús es el mesías esperado.** En Jesús se cumple la esperanza de Israel: es el Salvador esperado y anunciado por los profetas.

–**Jesús es el Hijo de Dios.** Mateo y Lucas, sirviéndose de la narración de su nacimiento, nos proclaman que el origen de Jesús se debe a la iniciativa de Dios a través de su Espíritu. Jesús es un niño como los demás, pero, a la vez, es una persona totalmente especial: es el Hijo de Dios.

3. Jesús se rodea de un grupo de discípulos

Ven y sígueme

Al comienzo de su vida pública, una de las primeras cosas que hace Jesús es rodearse de un grupo de personas que, respondiendo a su llamada, le siguen.

1 Los evangelios presentan cómo fue la llamada de Jesús a los primeros discípulos. Lee el texto y dibuja en tu cuaderno un recuadro como el que tienes más abajo.

- Anota en cada casilla del cuadro las palabras que pronuncia Jesús y la respuesta de los discípulos.
- Fíjate en lo que dice Jesús a los discípulos, ¿qué les pide?¿Ponen condiciones?
- La respuesta de los discípulos conlleva dos acciones, ¿cuáles?

Pasando Jesús junto al lago de Galilea, vio a Simón y a su hermano Andrés que estaban echando las redes en el lago, pues eran pescadores.

Jesús les dijo:

–Veníos detrás de mí y os haré pescadores de hombres.

Ellos dejaron inmediatamente las redes y lo siguieron.

Un poco más adelante vio a Santiago, el de Zebedeo, y a su hermano Juan. Estaban en la barca reparando las redes.

Jesús los llamó también; y ellos, dejando a su padre Zebedeo en la barca con los jornaleros, se fueron tras él.

(*Mc* 1,16-20)

Personajes	Palabras de Jesús	Respuesta de los discípulos
Simón y Andrés		
Santiago y Juan		

Buoninsegna, *Elección de Pedro y Andrés* (detalle)

Buoninsegna, *Elección de Pedro y Andrés*

2 A Jesús le siguieron muchos discípulos. Entre ellos eligió a algunos, llamados *apóstoles*. Lee *Mc 3,13-19* y responde a estas cuestiones:

- ¿Cuántos apóstoles designó? Confecciona una lista con sus nombres.
- ¿Con qué finalidad les llamó?
- ¿Qué poder les otorgó?

3 Fíjate en las siguientes definiciones de la Biblia didáctica y responde a las cuestiones.

- ¿Qué diferencia hay entre un discípulo y un apóstol?
- Señala el nombre de algunos discípulos que también fueron apóstoles.

Discípulo: El que permanece en estrecha unión con el maestro y lo sigue. El discípulo de Jesús es el que, llamado por él, sigue su mismo camino y permanece unido a él.

Apóstol: Significa enviado. Especialmente encargado de la tarea misionera en la Iglesia. Tradicionalmente, hablamos de los "doce apóstoles", elegidos por Jesús y enviados con autoridad.

4 Entre los seguidores de Jesús también hubo muchas mujeres. Lee *Lc 8,1-3; 10,38-42* y anota sus nombres.

▶ Jesús llamó a los discípulos

Al comienzo de su vida pública, Jesús llamó a algunos para que le siguieran. Los evangelios describen estas llamadas con gran sobriedad: Jesús llama y ellos dejan todo y le siguen.

Estos discípulos escuchaban las enseñanzas de Jesús y le tenían por su maestro. Desde el momento de su llamada, los discípulos están siempre con Jesús. Le acompañan a todas partes y son testigos de lo que hace y dice. Jesús les enseña e instruye y, paso a paso, los va vinculando a su proyecto. Forman con Jesús una comunidad. Entre los que seguían a Jesús estaban también su madre María y algunas mujeres.

Los discípulos dejaron todo y le siguieron.

▶ A algunos, los eligió para ser apóstoles

De entre los que ya son discípulos, Jesús elige a algunos para ser apóstoles. Los evangelios nos hablan concretamente de doce (*Mc 3,13-19*).

A ellos los preparará de manera especial porque van a ser los encargados de transmitir la buena nueva a todo el mundo. Después de su muerte y resurrección, los envía como misioneros con el mandato de ir por todo el mundo a anunciar la buena noticia.

Ninguno de ellos pertenecía a las clases altas ni eran personas instruidas. Todos eran del pueblo, la mayor parte pescadores humildes y sencillos.

▶ El discípulo cambia su vida para seguir a Jesús

Todas estas personas sintieron una especial atracción por Jesús. La llamada que recibieron para seguirle e imitarle transformó totalmente su vida.

Y, sobre todo, renunciaron a lo que tenían -bienes, seguridad, familia-, para seguir a Jesús. Los evangelios describen esta renuncia con una expresión muy plástica: "dejaron las redes y se fueron tras él".

ACTIVIDADES

Las personas representadas en estas viñetas fueron seguidoras de Jesús.

- ¿Qué sabes de ellas antes de su encuentro con Jesús?
- ¿En qué circunstancias se produjo la llamada de Jesús?
- Esa llamada, ¿en qué cambió su vida?

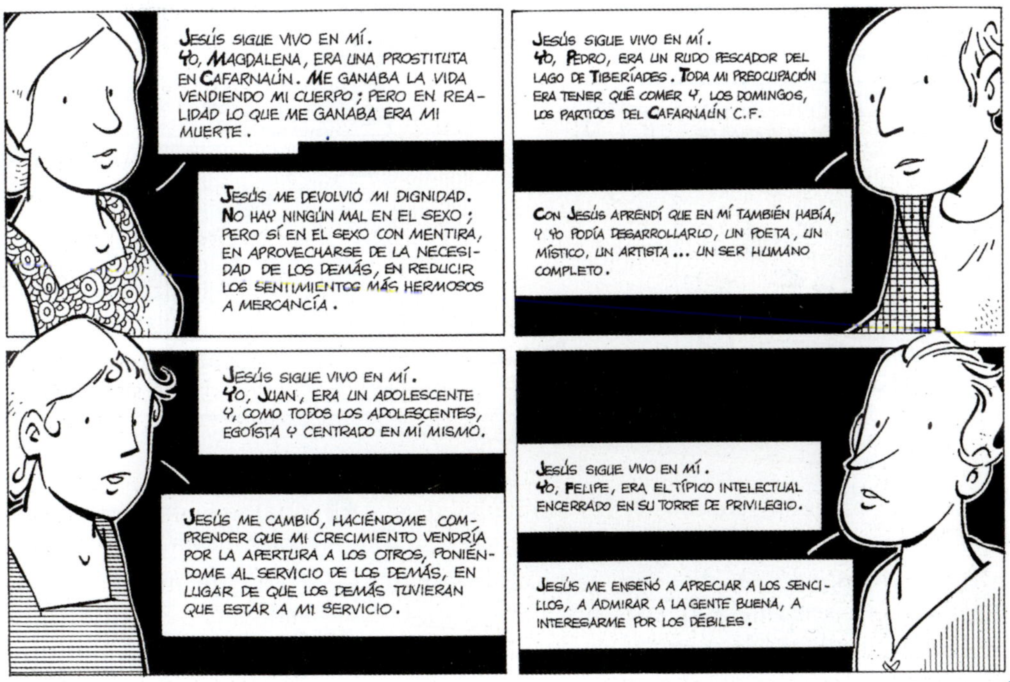

José Luis Cortés, *Tus amigos no te olvidan.* Madrid, PPC

4. Jesús nos muestra quién es Dios

El padre bueno

Cuando Jesús quiere mostrarnos quién es Dios lo hace mediante una bella parábola.

1 Observa esta historia, está inspirada en un relato del evangelio. ¿Quiénes son los protagonistas? ¿Cómo valoras la actitud del padre? ¿Y la del hermano mayor?

José Luis Cortés, *Un Señor como Dios manda*. Madrid, PPC

2 Lee *Lc 15,11-32* que narra una de las parábolas más bellas de los evangelios.

– Haz corresponder las distintas escenas de la parábola con las seis viñetas de esta página.

– Sustituye los textos de los bocadillos de las viñetas 3, 4 y 5 por frases tomadas del evangelio.

3 Analiza la parábola, ¿Por qué cuenta Jesús esta parábola? (Fíjate en *Lc 15,1-3*)

– En el relato, ¿cuál es la actitud del padre? ¿Y la de cada uno de los dos hijos?

– Según esta parábola, ¿cómo es el Dios al que tanto amaba Jesús? ¿Qué características tiene?

La imagen de Dios para los judíos

Para los judíos del tiempo de Jesús, Dios era tan sagrado que evitaban cuidadosamente pronunciar el nombre de Yavé. Era sustituido en la lectura pública por el término *Adonay* (Nuestro Señor). O bien se utilizaban expresiones como *El Santo*, *El Señor del Cielo*, *La Palabra*... Esto nos hace ver la enorme distancia que separaba al judío de ese Dios lejano y majestuoso.

REMBRANDT, *El regreso del Hijo Pródigo.* Dios es un Padre que espera el regreso de sus hijos.

Jesús se dirige a Dios llamándole Padre

Lo que más llama la atención de la oración de Jesús es el clima de confianza e intimidad que tiene con Dios. Se dirige a él llamándolo *Abba* (papá en arameo). Este diminutivo cariñoso y familiar era la primera palabra que aprendían los niños judíos. Los evangelios ponen la palabra "padre" en boca de Jesús hasta 170 veces.

Para Jesús Dios no es un ser lejano y distante, sino un Dios cercano, al que debe obediencia y fidelidad. Jesús vive como un hijo entregado y confiado al Padre, cumple su voluntad, sigue sus mandatos. Como el niño habla con su padre, así habla Jesús con Dios, con tanto abandono y confianza.

La parábola del *Padre Bueno*

Jesús hablaba a sus discípulos en parábolas. Para expresar quién es Dios, utilizó la parábola del *Padre Bueno*, también conocida como la parábola del *Hijo pródigo*. Es aquí donde encontramos las claves para saber cómo es Dios:

- Dios es un Padre cercano que nos ama profundamente.
- Dios es un Padre que respeta la libertad de sus hijos.
- Dios es un Padre que desea compartir el amor con sus hijos.
- Dios es un Padre que espera con ansia el regreso de sus hijos.
- Dios es un Padre que desea que sus hijos vivan como hermanos.

Frente a la idea de un Dios justiciero que impone obligaciones y amenaza con castigos, Jesús habla de un Padre lleno de misericordia, ternura y perdón.

¿Qué significa llamar Padre a Dios?

Llamar Padre a Dios significa:

- Reconocerle como el origen y fundamento de nuestra vida, en quien podemos apoyarnos siempre con cercanía y confianza.
- Descubrir y realizar su voluntad.
- Considerar a los demás hombres y mujeres nuestros hermanos, hijos de un Padre común; y muy especialmente a los más necesitados y débiles, por quienes Dios Padre tiene especial predilección.

en la red

www.christusrex.org

El *padrenuestro* es la oración que Jesús enseñó a sus discípulos para dirigirse a Dios como Padre.

Selecciona el apartado Jerusalem – Pater noster y descubrirás esta oración en más de 1300 idiomas.

Síntesis

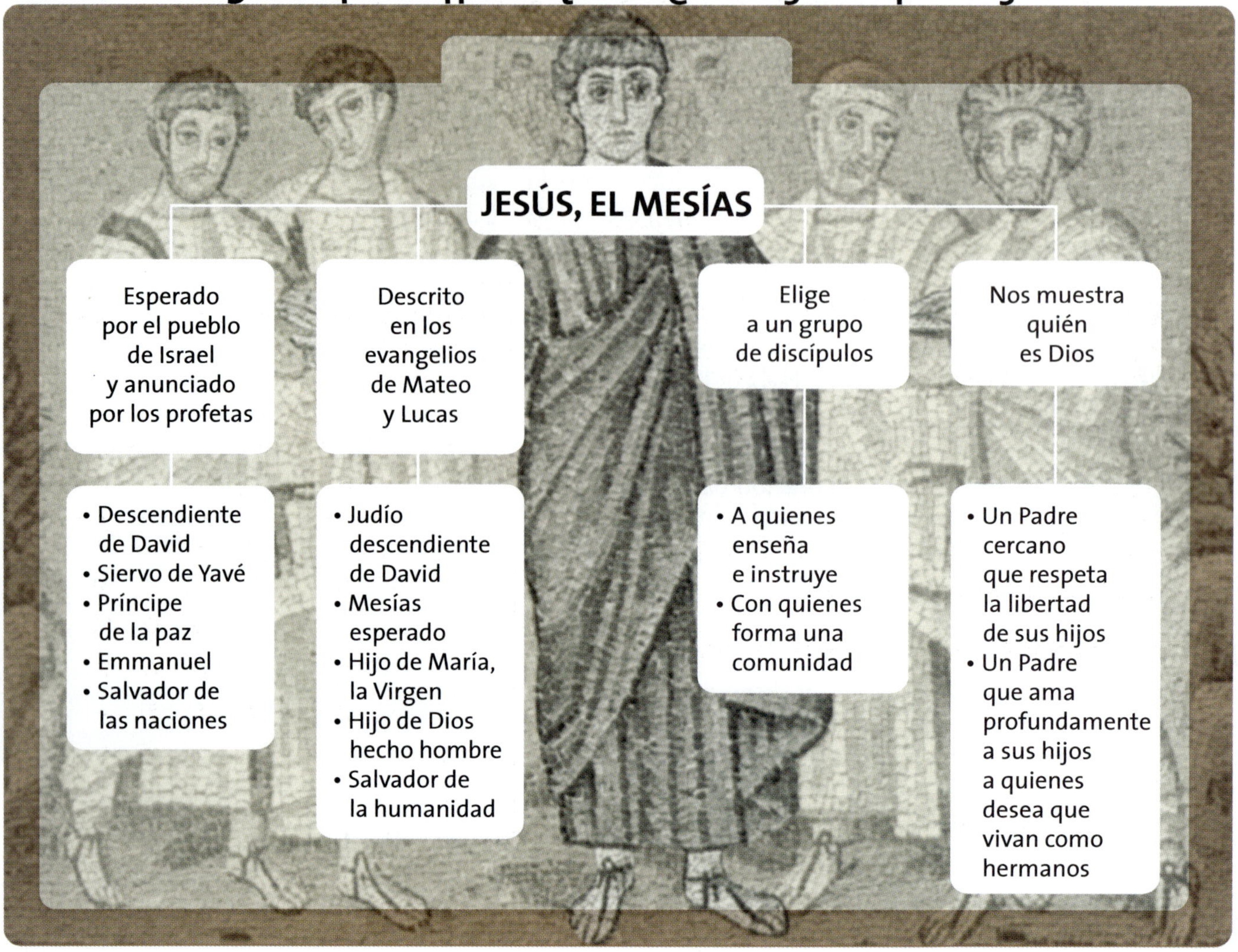

RELACIONA

▶ Sustituye los números de este artículo del Catecismo de la Iglesia Católica por las palabras que tienes a continuación.

Jesús de Nazaret / Poncio Pilato / Hijo / morada / Gracia / palabra / Belén / carpintero

Nosotros creemos y confesamos que (1)....., nacido judío de una hija de Israel, en (2)..... en el tiempo del rey Herodes el Grande y del emperador César Augusto; de oficio (3)..... muerto crucificado en Jerusalén, bajo el procurador (4)...., durante el reinado del emperador Tiberio, es el (5)..... eterno de Dios hecho hombre, que ha "salido de Dios", "bajó del cielo", "ha venido en carne", porque "la (6)..... se hizo carne, y puso su (7)..... entre nosotros, y hemos visto su gloria, gloria que recibe del Padre como Hijo único, lleno de (8)..... y de verdad (n.º 423).

▶ Asegúrate de que conoces bien el significado de estas palabras y expresiones.

Mesías	
Hijo de David	
Genealogía de Jesús	
Anunciación	
Visitación	
Magnificat	
Discípulo	
Apóstol	
Abba	
Hijo pródigo	

1 Buscad en los libros de arte o por algún otro medio como Internet pinturas que estén relacionadas con los relatos de la infancia de Jesús. Con esas imágenes, elaborad un cartel o mural.

Mosaico de la Purificación. Grecia, Monasterio Hosios

2 Completa este acróstico siguiendo las definiciones:

1. _ _ _ _ I _ _
2. N _ _ _ _ _ _
3. F _ _ _ _ _ _
4. _ _ _ A _ _ _ _
5. _ _ _ _ N
6. C _ _ _ _
7. _ _ _ I _ _
8. A _ _ _ _
9. _ _ _ _ D _ _
10. E _ _ _ _ _
11. J _ _ _ _
12. _ _ _ _ E _ _ _
13. _ S _ _ _ _ _ _
14. _ _ U _ _ _ _ _
15. _ _ _ _ _ S

1. Nombre del ángel de la Anunciación.
2. Fiesta que celebra el nacimiento de Jesús.
3. Lo son José, María y Jesús.
4. El padre de Juan Bautista se llamaba así.
5. Ciudad en la que nació Jesús.
6. Lo que obliga a María y José a viajar a Belén.
7. Título que el ángel da a Jesús.
8. Anuncia el nacimiento de Jesús.
9. Rey de Judea en tiempos del nacimiento de Jesús.
10. País al que huyen José y su familia.
11. En esta región se encontraba Belén.
12. Uno de los regalos ofrecidos por los Magos a Jesús.
13. Orientó a los magos.
14. Primer hecho de la vida pública de Jesús.
15. Así llaman los evangelios a los Reyes Magos.

3 Durante el año litúrgico se celebran varias fiestas que tienen relación con la infancia de Jesús.

- Busca en un calendario cómo se llaman y qué se celebra en cada una de estas fiestas: 25 de diciembre, 28 de diciembre, primer domingo después del 25 de diciembre, 1 de enero, 6 de enero, 2 de febrero, 25 de marzo.
- Relaciona dichas fiestas con las ilustraciones de esta unidad didáctica.

4 Encuentra en esta sopa de letras los nombres de los doce apóstoles de Jesús. Ten en cuenta que hay dos con el nombre de Santiago.

S	A	N	T	I	A	G	O	B	B
A	N	M	A	T	E	O	P	M	A
D	D	C	D	T	Y	U	O	M	R
U	R	L	E	F	E	G	A	D	T
J	E	T	O	M	A	S	F	A	O
J	S	C	H	I	G	I	O	Q	L
U	K	V	T	E	P	E	D	R	O
A	P	N	A	U	X	E	T	I	M
N	A	L	J	F	E	L	I	P	E
S	I	M	O	N	Z	S	F	O	M

5 Con todo lo estudiado en esta unidad seguro que sabrás identificar qué se representa en este icono ruso.

Dossier

La fiesta de Navidad en el mundo cristiano

Una fiesta universal

La fiesta de Navidad se celebra en los cinco continentes del mundo. Desde Filipinas, en Asia Oriental, hasta el continente americano, pasando por Oceanía, África y Europa, los cristianos de todo el mundo festejan el nacimiento de Jesús.

Son muchas las costumbres y tradiciones, algunas de ellas de dudoso sentido religioso, que se han ido incorporando a estas celebraciones; pero, para los cristianos, la Navidad es por encima de todo la fiesta del nacimiento del Salvador.

¿Por qué se celebra el 25 de diciembre?

En el Imperio Romano, el 25 de diciembre se festejaba el Día del Sol Naciente. Ese mismo día se realizaban cultos al emperador, que era adorado como un dios. Los cristianos aprovecharon aquella fecha para celebrar el nacimiento de Jesús sin llamar la atención. Con ello evitaban ser perseguidos por los romanos y, a su modo, expresaban que su único Dios era Jesucristo, "el único Sol y la única luz del mundo".

En el siglo II, el papa san Telesforo instituyó esta fiesta en el calendario cristiano y, en el año 440, el 25 de diciembre pasó a ser la fecha oficial del nacimiento de Jesús.

¿De dónde proviene la costumbre de poner el belén?

La tradición de poner el belén se remonta al año 1223, cuando la noche de Navidad, en la villa italiana de Greccio, san Francisco de Asís reunió a los vecinos para celebrar la misa de medianoche. Alrededor de un pesebre, sobre el que celebraron la eucaristía, cantaron himnos de alabanza al nacimiento del Niño Dios.

La costumbre de colocar el nacimiento durante la navidad se extendió por toda Italia. Los artesanos fabricaban figuritas de barro o de madera que representaban a José, María y Jesús, además de otros muchos personajes.

Esta tradición se introdujo en España a partir del reinado de Carlos III, en la segunda mitad del siglo XVIII, cuando el rey y su corte se trasladaron desde Nápoles a España.

¿Cuál es el origen de los villancicos?

Los primeros villancicos, según algunas tradiciones, fueron compuestos en el siglo V con el fin de anunciar el mensaje del evangelio a los habitantes de las villas.

Datos más fundados indican que los villancicos surgieron en torno al siglo XIV y que en sus comienzos eran composiciones poéticas de carácter popular que lo mismo trataban temas profanos que religiosos. A partir del siglo XIX, el nombre de villancico solo se aplica a las canciones de tema navideño.

El villancico es una composición popular, generalmente anónima, escrita en verso y con un estribillo que se repite después de cada estrofa. Entre los más populares en nuestro país se encuentran *Dime Niño, Campana sobre campana, 25 de diciembre, En el portal de Belén*, etc.

¿De dónde procede y qué simboliza el árbol de Navidad?

El árbol de Navidad, un abeto frondoso y cargado de adornos, tiene su origen en el paganismo centroeuropeo, que rendía culto a sus dioses en los bosques o ante algún árbol significativo.

En los pueblos germanos cristianizados, el árbol que recuerda el nacimiento de Jesús, simbolizaba el árbol del Edén, pero no aquel del fruto prohibido, que fue el comienzo del pecado en el mundo, sino el que conmemora el fruto de la salvación; de ahí el sentido de sus adornos y decoraciones.

El uso del árbol de Navidad, proveniente de la tradición germánica, se comenzó a utilizar más propiamente en el siglo XVII en la ciudad de Estrasburgo (Francia), difundiéndose hacia el norte de Europa, sobre todo a países protestantes. Posteriormente se introdujo en Gran Bretaña desde donde pasó a los Estados Unidos de América.

Con el paso de los años, el árbol, como símbolo de la navidad se ha popularizado también en el orbe católico.

COMENTA

1. Muchos cristianos sostienen que las fiestas de Navidad se han convertido en solo fiestas de consumo. ¿Estás de acuerdo con esta opinión? ¿Qué se debería hacer para que recuperase su verdadero sentido?
2. ¿Conoces alguna otra tradición religiosa relacionada con la Navidad?

La Navidad de los cristianos ortodoxos

La forma en que se celebra la Navidad varía de unas confesiones cristianas a otras. Así, por ejemplo, los ortodoxos que son mayoritarios en países del Este de Europa, como Rusia, Bulgaria y Grecia, celebran la fiesta de Navidad la noche del 6 al 7 de enero, ya que su calendario litúrgico varía con respecto al nuestro.

Para los ortodoxos, el día de Navidad es una de las fiestas más importantes del año. La cena de Navidad o "Sviata Vecheria" reúne a toda la familia. En ella se alaba a Dios, se pide por la familia y se recuerda a los antepasados.

Cuando aparece en el firmamento la primera estrella, la familia, en recuerdo de la estrella de Belén, inicia la celebración.

Se cubre la mesa con dos manteles, uno para los antepasados de la familia y el segundo para los miembros vivos. Debajo de la mesa se extiende una esterilla de esparto para recordar que Cristo nació en un pesebre.

En torno a la mesa siempre hay un sitio libre para los familiares difuntos, cuyas almas, de acuerdo con la tradición, vienen la víspera de Navidad para participar en el banquete.

Después que todos estos preparativos han culminado, el padre ofrece a cada miembro de la familia un trozo de pan mojado en miel, que previamente ha sido bendecido en la iglesia y entona unas oraciones. Después, reparte sus mejores deseos para todos con el agradecimiento a "Krystos Razhdietsia" (Cristo nacido), y la familia se sienta a disfrutar de los doce platos, exentos de carne, de la víspera de Navidad.

ictionary

5

Jesús anuncia el reino de Dios

Cuando un pueblo está oprimido espera que llegue un tiempo nuevo, un tiempo de liberación. Jesús, de palabra y de obra, anunció la venida del *reino de Dios*. Esta expresión para los contemporáneos de Jesús significaba la desaparición de la injusticia y la instauración de una época de paz y felicidad.

¿Sabías que ...?

- Los evangelios recogen cerca de 40 parábolas; muchas de ellas están inspiradas en tareas o productos agrícolas: sembrador, pastor, levadura, mostaza, cizaña...
- En los evangelios se narran 35 acciones milagrosas de Jesús, la mayoría de ellas son curaciones físicas.
- El sábado era el día dedicado a Dios. Durante toda la jornada no se permitía trabajo alguno, ni siquiera encender fuego para la comida o andar más de un kilómetro aproximadamente.

¿Qué opinas?

– *Observa las fotografías de estas dos páginas. ¿Qué crees que sería hoy una buena noticia para los protagonistas de estas imágenes?*

– *¿Cuál sería la mejor noticia que se podría dar hoy a todos los hombres y mujeres del mundo?*

– *Si el mundo fuera como tú deseas, ¿qué características tendría? ¿Qué impide que sea así?*

Lo que vamos a estudiar

➔ Las principales características del reino de Dios.

➔ Las acciones milagrosas de Jesús y los motivos por los que hacía milagros.

➔ La relación de Jesús con los marginados y los pecadores.

➔ El mensaje de las bienaventuranzas anunciado por Jesús.

1. Con parábolas

ANUNCIÓ EL REINO DE DIOS CON PARÁBOLAS

Jesús habló en numerosas ocasiones del reino de Dios sirviéndose de pequeñas historias llamadas parábolas.

JOSÉ LUIS CORTÉS, *Un Señor como Dios manda*. Madrid, PPC

1 Este texto recoge el primer mensaje de Jesús. En él hay un anuncio y una invitación.

– ¿Cuál es el anuncio? ¿Y la invitación?

– ¿A qué llama el evangelista "buena noticia"?

Después que Juan fue arrestado, marchó Jesús a Galilea, proclamando la buena noticia de Dios. Decía:
– El plazo se ha cumplido. El reino de Dios está llegando. Convertíos y creed en el evangelio (Mc 1,14-15).

2 Lee estas citas de los evangelios. En unas se dice que el reino está ya aquí, entre nosotros. En otras, en cambio, se habla de que aún está por venir. Clasifícalas y cópialas en la columna correspondiente.

	El reino ya está aquí	El reino está por venir
Mt 6,10		
Mc 9,1		
Lc 6,20		
Lc 11,20		

3 Completa el título de cada una de las siguientes parábolas uniendo sus dos mitades.

Mt 13,24-30	El trigo ...	de mostaza
Mt 18,23-35	El siervo ...	fiel
Mt 24,45-51	El criado ...	y la cizaña
Mc 4,30-32	El grano ...	malvado

Mc 12,1-12	Los viñadores ...	perdida
Lc 15,1-7	La oveja ...	y el pobre Lázaro
Lc 15,11-32	El hijo ...	homicidas
Lc 16,19-31	El rico Epulón ...	pródigo

4 ¿Qué parábolas del evangelio identificas en el dibujo de Nando? Te ayudará consultar estos textos: *Mt 13,1-9; Mt 13, 44-46; Mt 22,1-14; ; Lc 10,25-37; Lc 15,11-32.*

NANDO Y DEMETRIO, *Jesús, centro de la Historia de la salvación*. Madrid, Paulinas

▸ El reino de Dios, una buena noticia

El anuncio de la venida del reino de Dios es una buena noticia porque significa que ya está en el mundo la salvación que Dios había prometido a su pueblo con la llegada del mesías.

Jesús no es solo el mensajero que anuncia el reino de Dios. Lo más sorprendente es que el reino de Dios comienza con su persona.

El reino de Dios aparece entre nosotros como un don de Dios hacia los hombres: no lo podemos organizar, planificar y construir solo con nuestras fuerzas; es el gran regalo del amor de Dios.

Los personas deben acoger el reino de forma parecida a como los niños acogen la vida: como un regalo y con confianza. Jesús decía: "si no cambiáis y os hacéis como niños, no entraréis en el reino de Dios".

Hay que acoger el reino como el niño acoge la vida.

▸ El reino ya está aquí, pero no en plenitud

Jesús cura enfermos, concede el perdón a los pecadores, anuncia a los pobres una época de prosperidad. Estos son signos de que el reino de Dios ha comenzado con Jesús.

Pero en el mundo existe el mal y el pecado. Esto significa que el reino aún no está desarrollado plenamente: ya está aquí, pero todavía no en plenitud. Por eso, Jesús comparó el reino con la semilla que ya está plantada y va creciendo lenta pero imparablemente hasta que un día llegue a convertirse en un árbol frondoso.

▸ Buscad el reino de Dios

Esta es la invitación que Jesús dirige a sus discípulos: "Buscad ante todo el reino de Dios y lo que es propio de él, y Dios os dará lo demás".

Los cristianos están llamados a trabajar por el reino. Un reino que es regalo de Dios, pero que necesita la colaboración de los seres humanos para fomentar la solidaridad, implantar la justicia, construir la paz.

▸ Las parábolas, imágenes del reino

La parábola es la narración de una historia sencilla que por comparación explica una verdad importante. Se trata de un relato breve que puede ser entendido por cualquier persona, niños o adultos. Su finalidad es transmitir una enseñanza y hacer reflexionar.

Jesús extrajo los temas para sus parábolas de los hechos de la vida cotidiana: los trabajos del campo, los pastores, la pesca, una mujer que barre su casa... Así resultaba más cercano a sus oyentes.

Según su contenido podemos clasificar las parábolas en tres tipos:

- **Las que hablan del reino de Dios**, como las parábolas de *El trigo y la cizaña* y *El tesoro escondido*.
- **Las que presentan las actitudes de Dios**, su bondad, su desconcertante misericordia, su perdón. Podríamos incluir aquí las parábolas de *El hijo pródigo* y *La oveja perdida*.
- **Las que contraponen dos comportamientos humanos**, uno positivo y otro negativo, de modo que se invita a escoger el positivo. Por ejemplo, la parábola de *El buen samaritano*.

en la red

www.agustinos-es.org

En esta página de la orden de San Agustín encontrarás muchas "Parábolas para hacer pensar...". Entra en Materiales y, desde ahí, selecciona Parábolas.

2. Con acciones milagrosas

Los enfermos son curados

Jesús realizó acciones que causaron asombro a sus contemporáneos. Con ellas no pretendía manifestar su poder, sino mostrar que el reino de Dios está presente.

1 Localiza en los evangelios estas citas. Clasifica en tu cuaderno estos milagros según el siguiente cuadro. Pon un título a cada milagro.

Mt 8,14-15	*Mt 9,18-26*	*Mt 9,32-34*	*Mc 1,23-26*	*Mc 1,40-45*	*Mc 7,32-37*
Mc 8,1-9	*Lc 6,6-10*	*Lc 7,11-17*	*Jn 2,1-11*	*Jn 6,16-21*	*Jn 11,1-45*

	RESURRECCIÓN DE MUERTOS	a) .... b) .... c)		ACTUACIONES SOBRE LA NATURALEZA	a) .... b) .... c) ....
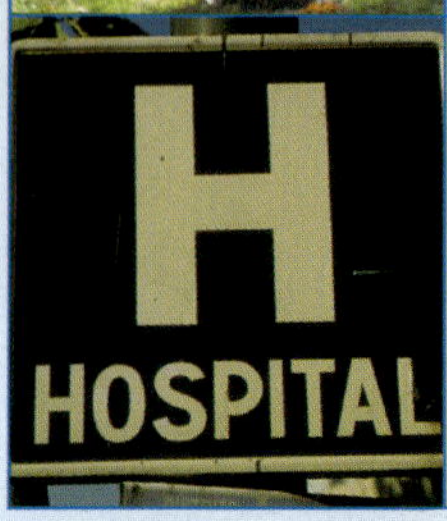	CURACIÓN DE ENFERMOS	a) .... b) .... c) .... d)		EXPULSIÓN DE DEMONIOS	a) .... b) ....

2 La mayor parte de los milagros narrados en los evangelios sigue una estructura parecida.

– Lee el relato que describe cómo Jesús calma una tempestad *(Mc 4,35-41)*. Dibuja en tu cuaderno un cuadro como el que tienes aquí y distribuye los versículos en los cuadros del esquema.

35 *Aquel mismo día, al caer la tarde, les dijo:*
–Pasemos a la otra orilla.
36 *Ellos dejaron a la gente y lo llevaron en la barca, tal como estaba. Otras barcas lo acompañaban.*
37 *Se levantó entonces una fuerte borrasca y las olas se abalanzaban sobre la barca, de suerte que la barca estaba ya a punto de hundirse.*
38 *Jesús estaba a popa, durmiendo sobre el cabezal, y lo despertaron, diciéndole:*
–Maestro, ¿no te importa que perezcamos?
39 *Él se levantó, increpó al viento y dijo al lago:*
–¡Cállate! ¡Enmudece!
El viento amainó y sobrevino una gran calma.
40 *Y a ellos les dijo:*
–¿Por qué sois tan cobardes? ¿Todavía no tenéis fe?
41 *Ellos se llenaron de un gran temor y se decían unos a otros:*
–¿Quién es éste, que hasta el viento y el lago le obedecen?
(Mc 4,35-41)

Eugene Delacroix, *Jesús calma la tempestad*

Estructura de los milagros	
1. Presentación del caso	*Versículos 35 al 38a*
2. Petición de ayuda a Jesús	
3. Intervención de Jesús	
4. Resultado producido	
5. Reacción de los presentes	

▶ Los milagros en la época de Jesús

En la época en que vivió Jesús la creencia en los milagros era general. La literatura griega y romana muestra cómo los dioses intervienen en la vida de los hombres salvándoles de peligros y liberándoles de enfermedades.

Los judíos del tiempo de Jesús creían firmemente en la fuerza salvadora de Dios. Para ellos era un milagro toda manifestación maravillosa de Dios.

El milagro era para los judíos un signo del poder de Dios y, a la vez, un mensaje: Yavé se preocupa por su pueblo.

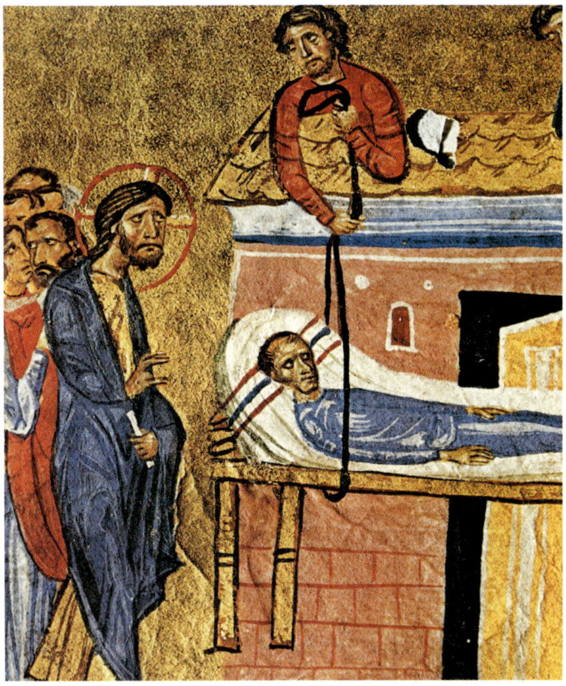

Jesús cura a un paralítico (miniatura griega). Para los judíos, el milagro era un signo del poder de Dios.

▶ Los milagros son un signo

Si damos una flor a un botánico, este la analiza, la clasifica, y determina su origen. Se puede decir que su actitud como científico busca una respuesta a la pregunta ¿qué es esto? Si, por otra parte, un joven regala una flor a su novia, esta no se preguntará tanto "¿qué es esto?" como "¿qué significa esto para mí?". Así, la flor, se convierte en un signo de amor.

Los milagros de Jesús narrados en los evangelios son signos de algo muy importante.

▶ Los milagros son signos del reino de Dios

En una ocasión Juan Bautista envió a algunos de sus discípulos a preguntar a Jesús si él era el mesías que debía inaugurar el reino de Dios. Y Jesús respondió: "Id y contad a Juan lo que habéis oído y visto: los ciegos ven, los cojos andan, los leprosos quedan limpios, los sordos oyen, los muertos resucitan y a los pobres se les anuncia la buena noticia".

Jesús dice a Juan que sus milagros son el signo de que las antiguas promesas de Dios se están realizando. Por medio de ellos, Dios muestra que su reino ya ha llegado con la venida de Jesús.

NICOLÁS POUSSIN, *Jesús cura a un ciego*. Jesús realiza milagros para mostrar que el reino de Dios ha llegado.

▶ Clasificación de los milagros de Jesús

Los milagros que realiza Jesús pueden clasificarse en cuatro apartados:

- **Curaciones.** Los evangelios cuentan que Jesús devolvió la salud a muchas personas: dio la vista a ciegos, el oído a sordos, el habla a mudos, hizo andar a cojos y paralíticos. Es decir, los sanó y los reintegró a la vida social.
- **Expulsiones de demonios.** Algunas de las posesiones demoníacas de las que habla el evangelio podrían interpretarse hoy como problemas mentales. En todo caso, Jesús acoge a este tipo de enfermos, alivia sus dolencias y les devuelve su dignidad de personas.
- **Resurrección de muertos.** Los relatos evangélicos narran algunas resurrecciones de muertos por parte de Jesús: la hija de un hombre llamado Jairo, el hijo de una viuda, su amigo Lázaro. Son signos de que el reino de Dios es vida que vence a la muerte.
- **Actuaciones sobre la naturaleza.** Los evangelios también cuentan que Jesús realizó algunas acciones que causaron asombro, como transformar el agua en vino, caminar sobre las aguas o apaciguar una tormenta. Estos relatos son un modo de decir que Jesús es Señor de la naturaleza.

en la red

http://churchforum.org/info/

En el apartado Cristo, bajo el título "Jesucristo hizo milagros", encontrarás información sobre los milagros realizados por Jesús y sobre sus principales características.

3. Con gestos solidarios

Se acercó a los pecadores

Frente a la presión social que marginaba a los lisiados y enfermos porque los creía pecadores, Jesús se acerca a ellos y los acoge.

1 Jesús escandalizó por su trato amistoso con los "mal vistos" de su sociedad. Comía con ellos, entraba en sus casas, eran sus amigos. Veamos quiénes eran estas personas.

- Dibuja en tu cuaderno un cuadro similar al que tienes aquí. Busca los dos pasajes del evangelio donde Jesús aparece con marginados y pecadores.
- Completa el cuadro indicando el personaje, la causa del rechazo y la actitud de Jesús.

ANÓNIMO, *Jesús perdona a la mujer adúltera*

	Personaje	Causa del rechazo a la persona por parte de la sociedad	Actitud de Jesús (con una frase)
Mt 9,9-12			
Lc 7,36-50			

2 En el evangelio de Lucas aparecen las tres parábolas llamadas de la *misericordia de Dios*.

- Dibuja en tu cuaderno un cuadro como este. Lee los textos citados y rellena las casillas. ¿Cuál crees que es el mensaje de estas parábolas?

	Lc 15,4-7	Lc 15,8-10	Lc 15,11-32
Título			
Argumento			
Quién es Dios en esta historia			
Expresiones de alegría			
Algún aspecto que no sea lógico en la vida normal			

3 Lee este relato. No es un texto del evangelio, aunque se parece a la parábola de la oveja perdida (*Lc 15,1-7*). ¿Sabrías explicar la actitud del pastor?

- ¿Por qué crees que se niega a reparar el agujero de la alambrada?

LA OVEJA PERDIDA

Una oveja descubrió un agujero en la cerca
y se escabulló a través de él.
Estaba feliz de haber escapado.
Anduvo errando mucho tiempo
y acabó desorientándose.
Entonces se dio cuenta
de que estaba siendo seguida por un lobo.
Echó a correr y a correr...,
pero el lobo seguía persiguiéndola.
Hasta que llegó el pastor, la salvó
y la condujo de nuevo, con todo cariño, al redil.
Y a pesar de que todo el mundo
le instaba a lo contrario,
el pastor se negó a reparar
el agujero de la cerca.

ANTHONY DE MELLO

Jesús come con los pecadores

El término *pecadores* se utilizaba para indicar a todos aquellos que no cumplían la ley de Moisés. Se consideraban pecadores a prostitutas, ladrones, adúlteras; a los que no sabían leer o no conocían los preceptos (analfabetos, paganos); a los publicanos (cobradores de impuestos); a los samaritanos, señalados como impuros por su mezcla de razas con los paganos; a ciertas profesiones, consideradas impuras por su contacto con carne animal (pastores).

Asimismo, también eran pecadores los enfermos (paralíticos, ciegos y, sobre todo, leprosos) a quienes se consideraba castigados por Dios por algún pecado suyo o de sus padres.

Los llamados *pecadores* sufrían la exclusión y el rechazo de la sociedad de su tiempo. En este ambiente, el gesto de Jesús de aceptar comer con ellos resulta escandaloso y suscita la crítica de los que consideran que viven según la ley. La postura de Jesús poniéndose cerca de los pecadores revela la misericordia de Dios.

PIERRE SUBLEYRAS, *El convite en casa de Simón*.
Al acercarse a los pecadores, Jesús manifiesta la misericordia de Dios.

Jesús incumple la ley judía

En algunas ocasiones Jesús aparece en los evangelios enfrentado a la ley judía: realiza curaciones en sábado incumpliendo la norma del descanso o permite que sus discípulos quebranten las normas del ayuno. Incluso cuestiona la ley de Moisés y va más allá que lo que la norma afirma: "Habéis oído que se dijo: *Ojo por ojo y diente por diente*. Pero yo os digo que no hagáis frente a quien os hace mal".

¿Qué quiere manifestar Jesús actuando así?

Con sus hechos y sus gestos Jesús quiso transmitir una enseñanza clave a sus contemporáneos:

- **Revelar la misericordia de Dios.** Dios es misericordioso y perdona a aquellos que se convierten. Es como el padre bueno de la parábola *El hijo pródigo*, también llamada *El Padre bueno*.

  Por medio de Jesús, Dios acoge y salva a los pecadores. La alegría de Dios está en acoger y en perdonar. El Dios de Jesús no es un juez, Dios es un padre que ama con amor infinito a sus hijos.

- **La salvación no se conquista, se recibe.** La vida entera de Jesús es un anuncio de la salvación que viene de Dios. Los cristianos pueden decir que ya han sido salvados por Dios en Jesús. Su vida no deberá ser un "hacer méritos" para merecer el amor de Dios. Por muchos méritos que la persona haga, la salvación no es cosa nuestra, sino de Dios. Los cristianos acogen el amor y la salvación que Dios les da de forma gratuita. Dios nos salvará, no porque seamos buenos, sino porque él es bueno.

en la red

www.aciprensa.com

En el apartado Biblia hay una peregrinación virtual a Tierra Santa (con fotos y textos evangélicos) que siguiendo los pasos de Jesús recorre los principales lugares de Palestina.

4. Con palabras de esperanza

Proclamó las bienaventuranzas

Las bienaventuranzas trazan el camino que debe seguir el cristiano para vivir los valores del reino y lograr la felicidad anunciada por Jesús.

1. Lee las bienaventuranzas del falso profeta. ¿Crees que tienen algo que ver con la realidad que vivimos hoy? ¿A quiénes se llama en nuestra sociedad "afortunados"?

> Dijo el falso profeta:
>
> *Bienaventurados los ricos, porque ellos lo tienen todo y poseen la tierra.*
> Y dijo el dios Tener: Si quieres venir tras de mí, ve, acumula todo lo que puedas, no lo compartas con nadie y sígueme. Nunca estarás solo, tendrás muchos amigos y nada te faltará. Quien más tiene más vale.
>
> *Bienaventurados los poderosos y los trepas, ya que ellos hacen lo que les da la gana sin que nadie les vacile.*
> Y dijo el dios Poder: Ve... pisa a quien puedas, haz la pelota, miente, machaca con tu crítica y créetelo... ¡eres el mejor! Pásaselo por delante de la cara a los demás.
>
> *Bienaventurados los superficiales, los que viven de apariencias dando el pego, porque siempre estáis de moda.*
> Y dijo el dios Masa: Ve, disuélvete en el mogollón, ponte las marcas que te digan, da como puedas culto al cuerpo. No preguntes el porqué de las cosas, si todo el mundo lo hace no hay duda de que está bien.
>
> César Marcos, *Las Bienaventuranzas del mundo*

2. Observa esta viñeta. ¿Qué relación tiene con las bienaventuranzas del falso profeta? En tu entorno, ¿son dichosas este tipo de personas? ¿Añadirías alguna más?

Nando, *El año litúrgico en cómics*. Madrid, PPC

3. Las bienaventuranzas proclamadas por Jesús aparecen en los evangelios de Lucas y Mateo. Ambos textos contienen similitudes y diferencias.
   - Compara los dos textos y anota las similitudes y diferencias que encuentres.

> 1. Dichosos los pobres,
> porque vuestro es el reino de Dios.
> 2. Dichosos los que ahora tenéis hambre,
> porque Dios os saciará.
> 3. Dichosos los que ahora lloráis,
> porque reiréis.
> 4. Dichosos seréis cuando los hombres os odien,
> y cuando os excluyan,
> os injurien y maldigan vuestro nombre
> a causa del Hijo del hombre.
> Alegraos ese día y saltad de gozo,
> porque vuestra recompensa será grande en el cielo.
>
> *(Lc 6,20-23)*

> 1. Dichosos los pobres en el espíritu,
> porque suyo es el reino de los cielos.
> 2. Dichosos los que están tristes,
> porque Dios los consolará.
> 3. Dichosos los humildes,
> porque heredarán la tierra.
> 4. Dichosos los que tienen hambre y sed
> de hacer la voluntad de Dios,
> porque Dios los saciará.
> 5. Dichosos los misericordiosos,
> porque Dios tendrá misericordia de ellos.
> 6. Dichosos los que tienen un corazón limpio,
> porque ellos verán a Dios.
> 7. Dichosos los que construyen la paz,
> porque serán llamados hijos de Dios.
> 8. Dichosos los perseguidos
> por hacer la voluntad de Dios,
> porque de ellos es el reino de los cielos.
>
> *(Mt 5,3-10)*

Un mundo injusto y desigual

En nuestra sociedad existe carencia de humanidad. A mucha gente solo le interesa el propio bienestar, el confort y el consumo. Todo el mundo aspira a ganar más de lo que gana y a gastar más de lo que gasta. De ahí la enorme insolidaridad que reina en el mundo. Junto a gente que vive en la abundancia, malviven pueblos enteros hundidos en el hambre y la miseria.

Por otra parte, tendríamos que preguntarnos: vivir poseyendo cada vez más cosas, ¿hace más felices a las personas? ¿Qué dice Jesús de esta situación?

Muchas situaciones evidencian que vivimos en un mundo injusto y desigual.

Las bienaventuranzas, un programa de vida

Las bienaventuranzas que Jesús proclama son como un programa de vida para los cristianos; además son un proyecto de vida feliz.

Jesús promete felicidad plena para sus seguidores. Porque Dios no quiere tristeza y sufrimiento, sino todo lo contrario: lo que Dios quiere es que todos los seres humanos vivamos felices.

Pero el camino de felicidad de Jesús es diferente del que propone el mundo. La sociedad dice: serás feliz en la medida en que tengas bienes para consumir; por el contrario, Jesús dice: serás feliz en la medida en que compartas lo que tienes.

Las bienaventuranzas nos hablan de una sociedad donde el valor fundamental no es el dinero, sino la solidaridad y el amor.

Las bienaventuranzas proponen un modo de ser feliz.

Dos versiones de las bienaventuranzas

Las bienaventuranzas de los evangelios se dirigen a los pobres, a los que sufren, a los hambrientos. Estos, los que nada tienen, son declarados bienaventurados porque son los privilegiados del amor de Dios. Y Dios les hará justicia.

El evangelio de Lucas adapta las bienaventuranzas de Mateo y las hace más directas. No están redactadas en tercera persona del plural sino en segunda persona: frente a la formulación de Mateo, *Dichosos los que tienen hambre y sed*, Lucas dice *Dichosos los que ahora tenéis hambre*.

Son bienaventurados, además de los que sufren la pobreza y el hambre, los que se acercan a estos para aliviar su sufrimiento:

- los que no acumulan riquezas egoístamente sino que las comparten (*los que eligen ser pobres*).
- los que se esfuerzan por construir la paz (*los que trabajan por la paz*).
- los que se compadecen de los sufrimientos de otros (*los misericordiosos*).
- los que buscan con esfuerzo la justicia (*los que tienen hambre y sed de justicia*).

en la red

www.enciclopediacatolica.com
Utilizando el índice alfabético de esta página puedes acceder a un documento sobre las Bienaventuranzas.

S í n t e s i s

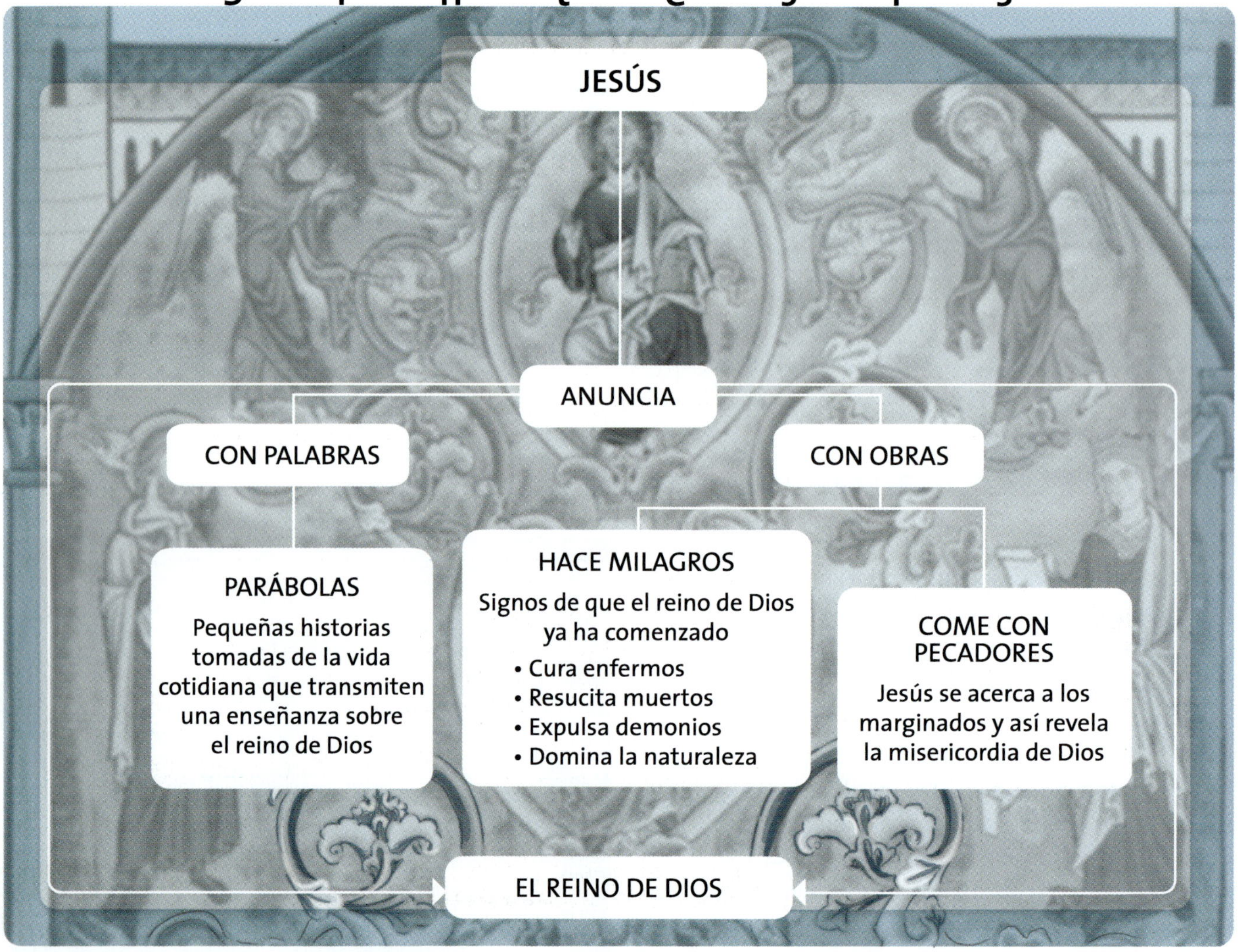

R E L A C I O N A

▶ Relaciona las afirmaciones del Catecismo de la Iglesia Católica con las citas evangélicas que les corresponda.

El reino pertenece *a los pobres y a los pequeños*, es decir a los que lo acogen con un corazón humilde. Jesús fue enviado para "anunciar la buena nueva a los pobres" (n.º 544).

Jesús llama a entrar en el reino a través de las *parábolas*, rasgo típico de su enseñanza. Por medio de ellas invita al banquete del reino (n.º 546).

Jesús acompaña sus palabras con numerosos "milagros, prodigios y signos" que manifiestan que el reino está presente en él. Ellos atestiguan que Jesús es el mesías anunciado (n.º 547).

Lc 7,18-22

Mt 5,3

Mc 4,33-34

▶ Señala las correspondencias y diferencias que encuentras entre este poema y las bienaventuranzas.

Felices los felices, los más fuertes,
los timoneles de su mar propicio,
los de la risa madre de lo propio,
los ilesos del poso de la vida,
los ilusos del paso de los sueños...

Dichosos los dichosos en su dicha,
los de humor febril del universo,
los simples partidarios, los devotos,
los de la pura razón voluptuosa...

los héroes terrestres, los sin culpa,
los de ya no caber en sí de gozo,
los en su misma esencia, los posesos...

CARLOS MARZAL, *Fuera de mí*

1 Relaciona cada una de estas cuatro bienaventuranzas con el personaje que de una forma más visible vivió lo que en ella se dice. Explica en qué te basas.

DICHOSOS LOS QUE TRABAJAN POR LA PAZ

DICHOSOS LOS MISERICORDIOSOS

DICHOSOS LOS QUE ELIGEN SER POBRES

DICHOSOS LOS PERSEGUIDOS POR HACER LA VOLUNTAD DE DIOS

Teresa de Calcuta

Religiosa de origen albanés que dedicó su vida al cuidado de los enfermos y abandonados de la India. Fundó la congregación de las Misioneras de la Caridad.

Francisco de Asís

Santo italiano del siglo XIII. Abandonó una posición rica y acomodada para irse a vivir con los más pobres.

Óscar Romero

Arzobispo de El Salvador que, fiel al mensaje de Jesús, defendió a los humildes frente a los poderosos. Murió asesinado mientras celebraba la eucaristía.

Mahatma Gandhi

Político hindú que enfrentándose a los violentos y utilizando medios pacíficos trabajó por la independencia de la India. Murió asesinado.

2 Intenta completar esta rueda del *pasapalabra* con el menor número de fallos.

A . Contiene la A: Discípulo preferido de Jesús.
B . Ciego curado por Jesús en Jericó.
C . Pueblo donde acudió Jesús a una boda.
D . Moneda del tiempo de Jesús.
E . Pueblo a 11 kilómetros de Jerusalén.
F . Jesús les llamaba hipócritas.
G . El ángel que anuncia a María su maternidad.
H . Rey malvado de Israel.
I . Sobrenombre de Judas el traidor.
J . Bajaba un hombre de Jerusalén a...
K . Palestina tenía unos 250 de norte a sur.
L . Jesús curó a muchos de estos.

LL. "... y se os abrirá".
M. La primera mujer en ver a Jesús resucitado.
N . Fiesta del nacimiento de Jesús.
Ñ . Contiene la Ñ: Lo fue Jesús en Belén.
O . Monte donde arrestaron a Jesús.
P . Se lavó las manos ante Jesús.
Q . Libro del Antiguo Testamento.
R . Lo anuncia Jesús con sus parábolas.
S . Región de Palestina.
T . Lago donde pescaban los apóstoles.
U . Lo fue aquella cena de Pascua para Jesús.
V . Lo que se acabó en las bodas de Caná.
X . Contiene la X. A los demonios, Jesús los...
Y . Nombre de Dios para los judíos.
Z . Cobrador de impuestos pequeño y ladrón.

JESUCRISTO, un personaje de cine

La figura de Jesús siempre ha sido motivo de inspiración para el mundo del cine. Desde los modestos comienzos del séptimo arte, a finales del siglo XIX, hasta las grandes superproducciones de hoy, el cine ha tratado de responder con imágenes a la pregunta que Jesús dirigió hace dos mil años a sus discípulos: «Vosotros, ¿quién decís que soy yo?».

Rey de Reyes (EE.UU., 1961)

Una de las grandes superproducciones sobre la vida de Jesús. La película aproxima la figura de Jesús a los problemas y sentimientos de la gente de hoy. Se presenta a Jesús como el defensor de la libertad y del pacifismo.

Director:
NICHOLAS RAY

Jesucristo Superstar (EE.UU., 1974)

Musical sobre la vida de Jesús basado en una ópera rock.

Narra los últimos días de la vida de Cristo. Muestra un Jesús joven y contestatario.

Director:
NORMAN JEWISON

Jesús de Nazaret (Italia, 1977)

Esta película sigue fielmente el relato del evangelista Lucas.

Es una de las más completas recreaciones de la vida de Jesús, rodada con una excelente ambientación.

Director:
FRANCO ZEFFIRELLI

¿SABÍAS QUE…?

- Las primeras películas sobre Jesús fueron *Pasión de Jesucristo*, de los hermanos Lumiere, inventores del cine, y *La pasión de Cristo*, de Lear y Basile, ambas de 1897.
- El primer intento de recrear la vida completa de Jesús fue la película *Cristo* (1915), de Liguero y Antamoro.
- La primera superproducción de cine bíblico fue la película muda *Rey de Reyes* (1926), de Cecil B. De Mille.
- La película *Rey de Reyes* (1961), de Nicholas Ray, aunque de producción norteamericana fue rodada en España.
- La película *El evangelio según san Mateo* (1964), una de las más fieles al texto bíblico fue realizada por Pier Paolo Pasolini, ateo y marxista.
- *La Pasión*, (2004), de Mel Gibson está íntegramente rodada en latín y arameo.
- La película *Jesús* ha sido doblada a más de 500 lenguas y dialectos y vista por millones de personas. Sin embargo, la crítica no la considera una buena película.

ENTREVISTA CON JAMES CAVIEZEL, EL JESÚS DE "LA PASIÓN"

-Interpretar a Jesús obviamente es una propuesta que intimida. ¿Por qué le dijo a Mel que sí?

Me llamaron por teléfono para avisarme que el productor Stephen McEveety quería verme por una película sobre surf. Fui y me reuní con él para almorzar, y después de unas horas aparece Mel Gibson. Empieza a hablar de lo que soportó realmente Cristo y yo le dije: 'Sí, vi la película de Zeffirelli ('Jesús de Nazaret'). Y él dice: 'No, no. Me refiero a lo que soportó realmente'. Y entonces me di cuenta. Dije: '¿Quieres que interprete a Jesús?

–Usted es católico. ¿Interpretar a Cristo aumentó su fe?

Lo amo más de lo que creía que fuera posible. Lo amo más que a mi mujer, a mi familia. No me gusta que la gente me mire. Lo único que quiero es que vean a Cristo.

–¿Le dijo Mel por qué quiso hacer esta película?

Me dijo que atravesó un período duro en su vida, y que volvió a descubrir el Evangelio hace unos 12 años. Empezó a meditar sobre la pasión y la muerte de Jesús. Al hacerlo, dijo que las heridas de Cristo curaron sus heridas. Y me parece que el filme expresa eso.

C O M E N T A

1. Elaborad vuestra película sobre Jesús seleccionando escenas de películas diferentes. Entre otras, os proponemos estas cuatro:
   – el *nacimiento de Jesús*, de "El hombre que hacía milagros"
   – el *bautismo de Jesús y los primeros milagros*, de "Jesús de Nazaret"
   – la *oración en el huerto y la última cena*, de "Jesucristo Superstar"
   – la *crucifixión*, de "La Pasión"
2. Los evangelios no dicen nada de cómo era físicamente Jesús. ¿Crees que este dato es relevante? ¿Cómo te lo imaginas?
3. De todas las películas que conoces sobre Jesús, ¿cuál crees que refleja mejor su vida y su mensaje?

Otras películas relacionadas con Jesús

Existen otras películas en las que Jesús está presente. Es el caso de obras como *¿Quo vadis?* (EE.UU., 1951), de Mervin LeRoy; *La túnica sagrada* (EE.UU., 1953), de Henry Koster; *Ben-Hur* (EE.UU., 1959), de William Wyler.

El hombre que hacía milagros (Reino Unido, 1999)

Esta película, realizada con las más modernas técnicas de la animación, describe la vida y obra de Jesús siguiendo fielmente el relato evangélico.

Directores:
Derek W. Hayes, Stanislav Sokolov

La Pasión (EE.UU., 2004)

Narra las últimas horas de la vida de Jesús, desde su prendimiento hasta su muerte. Obra muy controvertida debido, especialmente, a la dureza con que se presentan algunas escenas de la pasión.

Director: Mel Gibson

6

Jesús, una vida entregada

El anuncio del *reino de Dios* fue la gran causa de la vida de Jesús. Pero, ¿cómo terminó esta?, ¿qué ocurrió después? El final de la vida de Jesús es lo que nos da la clave para entender quién era realmente Jesús.

¿Sabías que ...?

- Por causa de la muerte de Jesús, Pilato y Herodes, que hasta entonces habían estado enemistados, se hicieron amigos.
- Jesús anunció a los suyos hasta tres veces su pasión y resurrección.
- La crucifixión fue una forma de condena iniciada en Persia que luego adoptaron los romanos. En tiempos de Jesús, era un castigo habitual para los que cometían los delitos más graves.

¿Qué opinas?

– *Observa las imágenes de estas páginas. ¿Qué acontecimientos de la vida de Jesús representan?¿Qué sabes de dichos acontecimientos?*

– *Entre los acontecimientos representados suceden otros muchos de gran importancia. ¿Podrías indicar algunos de ellos?*

– *¿Hay alguna época del año en que los cristianos evoquen de forma especial estos acontecimientos?¿Qué suelen hacer para conmemorarlos?*

Lo que vamos a estudiar

- ➔ Por qué y por quién fue juzgado y condenado Jesús.
- ➔ Cómo murió y qué significado tiene su muerte.
- ➔ Qué dicen los evangelios sobre la resurrección de Jesús.
- ➔ Cuáles son los títulos que otorgan a Jesús sus discípulos.

CONGDON, BUONINSEGNA y DIERIC BOUTS son los autores de estos cuadros.

1. Fue juzgado y condenado

Los dos juicios

Jesús, después de reunirse con sus discípulos para celebrar la fiesta de la Pascua, fue entregado por uno de ellos a las autoridades para ser juzgado y condenado.

1 En los juicios intervienen diferentes personas: un acusado, un juez, uno o varios acusadores, etc. Lee los siguientes textos correspondientes a los juicios religioso y político de Jesús. Después dibuja en tu cuaderno un cuadro semejante al que te presentamos y complétalo.

El Monte de los olivos en la actualidad.

Juicio religioso (*Lc 22,66-71*)

66 Cuando se hizo de día, los ancianos del pueblo, los jefes de los sumos sacerdotes y los maestros de la ley se reunieron, lo llevaron al sanedrín 67 y dijeron:

–Si tú eres el mesías, dínoslo.

Jesús les dijo:

–Si os lo digo, no me vais a creer; 68 y si os hago preguntas, no me vais a contestar. 69 Pero desde ahora el Hijo del hombre estará sentado a la derecha de Dios todopoderoso. 70 Entonces todos le preguntaron:

–Luego, ¿eres tú el Hijo de Dios?

Jesús les respondió:

–Vosotros lo decís, soy yo.

71 Ellos dijeron:

–¿Qué necesidad tenemos ya de testigos? Nosotros mismos lo hemos oído de su boca.

Juicio político (*Lc 23,1-7*)

1 Entonces se levantaron los ancianos del pueblo, los jefes de los sacerdotes y los maestros de la ley, llevaron a Jesús ante Pilato 2 y se pusieron a acusarlo diciendo:

–Hemos encontrado a este alborotando a nuestra nación, impidiendo pagar tributos al césar y diciendo que él es el mesías, el Rey.

3 Pilato le preguntó:

–¿Eres tú el rey de los judíos?

Jesús le contestó:

–Tú lo dices.

4 Pilato dijo a los jefes de los sacerdotes y a la plebe:

–No encuentro culpa alguna en este hombre.

5 Pero ellos insistían con más fuerza:

–Va soliviantando al pueblo con su predicación por toda Judea, desde Galilea, donde empezó, hasta aquí.

6 Al oír esto, Pilato preguntó si Jesús era galileo. 7 Y al cerciorarse de que era de la jurisdicción de Herodes, se lo envió, aprovechando que también Herodes estaba en Jerusalén por aquellos días.

	Juicio religioso	Juicio político
Acusado		
Acusadores		
Juez		
Motivo de la acusación		

2 ¿Con cuál de los juicios anteriores identificas estas imágenes?¿Qué personajes participan?

P. Lorenzetti, *Jesús ante Pilato*

Giotto, *Jesús ante Caifás*

La última cena

Jesús subió a Jerusalén para celebrar la fiesta de la Pascua con sus discípulos.Durante la cena, Jesús realiza unos gestos de gran trascendencia: al tener cercana su muerte, bendice y reparte entre los discípulos el pan y el vino mientras les dice que ese pan y ese vino son su cuerpo y su sangre. Él les daba "su cuerpo y su sangre" para que comiesen y bebiesen.

Con este gesto, Jesús entregaba su vida (su cuerpo y su sangre) para que fuera alimento y salvación de todos los seres humanos. Desde entonces los cristianos se reúnen para compartir el pan de la Eucaristía. En ella se hace presente el Señor muerto y resucitado.

NOLDE, *Última Cena*.
En la Última Cena, Jesús se entrega como alimento y salvación de todos los hombres.

Oración del huerto y arresto

Terminada la cena, Jesús y sus discípulos salieron a las afueras de Jerusalén y se dirigieron a un huerto llamado Getsemaní, situado en el monte de los Olivos. Allí Jesús se puso a rezar; mientras tanto sus discípulos dormían. Fue una oración llena de sufrimiento porque intuía lo que le esperaba, pero a la vez llena de confianza en el Padre.

Hasta aquel monte llegó Judas Iscariote, el discípulo que lo traicionó, conduciendo a los soldados que iban a arrestarlo.

Los dos juicios

Jesús fue juzgado dos veces: ante el sanedrín y ante Poncio Pilato.

- **El juicio religioso.** Jesús fue conducido ante el sanedrín, un tribunal que era la máxima autoridad religiosa del pueblo judío, presidido por el sumo sacerdote. Allí le acusaron de haber hablado en contra del templo y de incumplir repetidamente el precepto del sábado. Pero el delito por el que pedían su muerte fue que Jesús aceptase públicamente ser el mesías enviado por Dios. Afirmar tal cosa era considerado blasfemia y, según la ley judía, la blasfemia se condenaba con la muerte.
- **El juicio político.** Las autoridades judías llevaron a Jesús ante Poncio Pilato, el gobernador romano. El sanedrín, para hacer efectiva una condena a muerte necesitaba el permiso del gobernador.

El juicio ante Pilato fue distinto que el realizado ante el sanedrín. Jesús fue acusado de proclamarse rey de los judíos porque, de esta forma, le hacía aparecer ante los romanos como un agitador que ponía en peligro el orden publico.

Pilato condenó a Jesús a morir crucificado, que era la pena destinada a los criminales peligrosos y a los miembros de las clases sociales inferiores.

en la red

www.gieson.com

Animaciones en 3D sobre la pasión y resurrección de Jesús. Se necesita tener instalado el programa flash.

2. Murió crucificado

Los discípulos fieles

¿Cómo terminó la vida de Jesús? ¿Qué sucedió desde el momento en que fue crucificado hasta su muerte? ¿Qué hicieron sus discípulos?

1. Observa esta pintura realizada en 1943 por Ottone Rosai (Florencia 1895-1957). ¿Qué suceso de la vida de Jesús representa?
   - La escena está incompleta, faltan personajes. ¿Sabrías indicar qué personas estaban al pie de la cruz? (Si tienes dudas consulta *Jn 19,25*).
   - Si ampliáramos el ángulo de la escena aparecerían otros dos crucificados. ¿De quiénes se trata? ¿Qué actitud tienen hacia Jesús? (Consulta *Lc 23,33-43*).
   - En el cuadro vemos un cielo oscuro y tormentoso. ¿Sabes por qué se pintó así? (Consulta *Lc 23,44-46*).
   - Completa la información indicando: hacia qué hora Jesús fue crucificado, hacia qué hora murió, en qué lugar, qué ocurrió entre el momento de la crucifixión y su muerte. Para responder a estas preguntas infórmate en los textos de los evangelios.

Rosai, *Crucifixión*

Tiziano, *Entierro*

2. Observa con detenimiento este cuadro. ¿Qué episodio de la vida de Jesús representa?
   - De los tres hombres de la escena, el del fondo es Juan, el discípulo que estuvo al pie de la cruz. ¿Podrías identificar a los otros dos? (Si tienes dudas lee *Jn 19,38-42*). ¿Qué dicen los evangelios de estas dos personas?
   - En el cuadro, dos mujeres participan en la escena. ¿Quiénes pueden ser? ¿Qué protagonismo tuvieron durante la pasión de Jesús?

La crucifixión y la muerte

Después de haber sido sometido a duras torturas (azotes, palizas, burlas, etc.), Jesús fue conducido fuera de las murallas de Jerusalén a un pequeño monte, el Gólgota (que significa *La Calavera*), para ser crucificado allí.

Jesús fue condenado a morir en la cruz, un suplicio que los romanos aplicaban a asesinos, esclavos, traidores y rebeldes.

Un crucificado, si conseguía apoyarse, podía tardar días en morir. Por eso les rompían las piernas, para que muriera asfixiado por el peso del propio cuerpo. Jesús murió sin que le quebraran las piernas, aunque antes un soldado le atravesó el costado con una lanza.

Era habitual poner un letrero en la cruz indicando el motivo de la ejecución. En el de Jesús ponía: "Jesús Nazareno, rey de los judíos" (cuyas iniciales en latín son INRI).

Jesús murió crucificado junto a dos criminales. Al pie de la cruz estaban su madre, algunas mujeres y Juan, el discípulo amado.

RUPNIK, *Pantocrátor*

Sentido de la muerte de Jesús

La muerte de Jesús es el gesto último y definitivo en el que muestra su amor por las personas: "Nadie tiene amor más grande que quien da la vida por sus amigos". Por eso, la cruz, a pesar de ser un instrumento de tortura y de muerte, ha pasado a ser para los cristianos la señal del amor de Dios y de Jesús por las personas.

Los cristianos leen los relatos sobre la muerte de Jesús no tanto como documentos que cuentan lo que pasó, sino como escritos que alimentan su fe porque reflejan lo que creen sobre Jesús: que es el salvador de la humanidad.

Decir que Jesús "murió por nosotros" significa que:

- La pasión y muerte de Jesús ha sido y es "por nuestra causa", es decir "por nosotros, por todos los hombres".
- Gracias a la muerte de Jesús, todos los hombres y mujeres del mundo están salvados en Jesucristo del pecado y de la muerte.
- Con su muerte, Cristo consigue la vida para las personas y las conduce hacia Dios, su verdadero destino.

La sepultura

Según los evangelios, algunos amigos de Jesús pidieron permiso al gobernador romano para recuperar su cuerpo y poder enterrarlo. Entre los judíos, los enterramientos se llevaban a cabo no en el suelo, sino depositando los cadáveres en cuevas, cuya entrada quedaba cerrada por grandes piedras para evitar que entraran animales o saqueadores. Asimismo, los cadáveres solían ser ungidos con perfumes y aromas, para retrasar lo más posible los efectos de la descomposición.

A Jesús lo colocaron en un sepulcro que estaba cerca del lugar de la ejecución y en el que aún no había sido enterrado nadie. Era propiedad de un judío importante, discípulo de Jesús, llamado José de Arimatea. Sin embargo, debido a que se acercaba el sábado, no dio tiempo a terminar de ungirlo con los perfumes.

en la red

www.aciprensa.com

Escribiendo *Crucifixión de Cristo* en el buscador de esta página encontrarás diversos artículos relacionados con este tema.

3. Dios lo resucitó

Jesús venció a la muerte

¿Qué experimentaron la noche de aquel sábado los amigos de Jesús? Aquella cruz, en la que había muerto su maestro, simbolizaba el fin de toda esperanza.

1 Los cuatro evangelios narran varias apariciones de Jesús resucitado. Las tres que te presentamos, quizá sean las más significativas.

– Dibuja un cuadro como este en tu cuaderno, lee las citas bíblicas y completa las casillas.

	Con quién se encuentra	Dónde aparece	Cómo es reconocido	Qué dice y hace Jesús
Jn 20,11-18				
Jn 20,19-23				
Jn 21,1-14				

2 Lee atentamente el relato de *Lc 24, 13-35*, donde se narra el encuentro de Jesús resucitado con dos discípulos que se dirigían a Emaús.

- ¿Quién tiene la iniciativa en el encuentro?
- ¿Qué sentimientos tienen los dos discípulos antes y después de reconocer a Jesús? (Compara los versículos 16 y 31).
- ¿Con qué títulos llaman a Jesús los discípulos antes y después de saber que es él?
- ¿Cuál es el gesto que realiza Jesús para que los discípulos lo reconozcan?
- ¿Cómo reaccionan los discípulos? ¿Qué hacen?

Schmidt Rottluff, *Camino de Emaús*

3 Tras la experiencia de la resurrección, los apóstoles predican en pueblos y ciudades la experiencia que han tenido con Jesús.

- Lee las frases de la predicación de los apóstoles que tienes a continuación.
- Resume en una frase el núcleo del mensaje de los discípulos.
- ¿Qué expresiones aparecen para indicar la resurrección de Jesús?

- "Vosotros lo matasteis en una cruz; Dios lo resucitó rompiendo las ataduras de la muerte" *(Hch 2,23-24)*.
- "Matasteis al autor de la vida, pero Dios lo resucitó" *(Hch 3,15)*.
- "Está siempre vivo" *(Heb 7,25)*.
- "Confiáis en Dios que lo resucitó de la muerte y lo glorificó" *(1 Pe 1,21)*.
- "¿Por qué buscáis entre los muertos al que está vivo?" *(Lc 24,5)*.

Buoninsegna, *Jesús se aparece a sus discípulos*

Los relatos de la resurrección

Estos relatos narran las apariciones de Jesús a los discípulos y a algunas mujeres.

Se pueden dividir en tres tipos de relatos: los que hablan sobre el sepulcro vacío; los referidos a la aparición a los Once; y las apariciones a algunos discípulos.

El sepulcro vacío

Estos relatos nacieron, posiblemente, para ser meditados por los cristianos en las peregrinaciones al santo sepulcro. El sepulcro vacío no supuso el punto de partida de la fe en la resurrección de Jesús, porque el hecho en sí permitía muchas interpretaciones. De hecho, corría el rumor entre los judíos de que los discípulos habrían robado el cuerpo de Jesús.

El sepulcro vacío fue el signo que, junto al anuncio del ángel, despertó en los discípulos la fe en la resurrección y les preparó para reconocer a Jesús vivo y presente.

BARTOLOMEO SCHEDONI, *Las tres Marías ante el sepulcro*
La resurrección de Jesús produjo una enorme alegría a sus discípulos.

Los encuentros con Jesús resucitado

Los encuentros de Jesús con sus discípulos provocaron en ellos la fe en la resurrección de Jesús. Esto les dio alegría, paz y deseos de anunciar a los demás lo que habían visto.

Cuando se afirma que Jesús resucitó no es porque permanecía presente en la memoria de los discípulos, o porque su mensaje seguía vivo entre ellos. Esto se podría decir de muchos personajes de la historia. Decir que Jesús ha resucitado es afirmar que él vive para siempre actuando y haciéndose presente en el mundo.

¿Cómo se puede creer hoy que Jesús está vivo?

Si las apariciones del resucitado ya no se vuelven a producir, ¿cómo se puede creer hoy que Jesús resucitó?

- Primero, confiando en el testimonio de aquellos que fueron testigos de sus apariciones. Muchos de ellos entregaron su vida por esta causa.
- Segundo, teniendo una relación personal con Jesús vivo. Hay muchos caminos para encontrarle hoy: la comunidad de los cristianos (la Iglesia); los sacramentos, especialmente la eucaristía; la palabra de Dios (lectura de la Biblia); la lucha contra la pobreza (Jesús se identificó con los excluidos)...

Quien recorre estos caminos descubre que Jesús vive.

F. VON UHDE, *Jesús en casa de unos campesinos*

4. Verdaderamente era Hijo de Dios

Él es el Señor

La resurrección hizo ver claro a los discípulos quién era Jesús. Lo que descubrieron de él lo expresaron con diversos títulos.

1 Juan en su evangelio pone en boca de Jesús distintas expresiones (imágenes) con las que éste se definía a sí mismo. Lee los siguientes fragmentos y confecciona una lista de dichas imágenes.

Jesús volvió a hablar a la gente, diciendo:
–Yo soy la luz mundo. El que me siga no caminará a oscuras, sino que tendrá la luz de la vida.
(Jn 8,12)

Yo soy el buen pastor. El buen pastor da la vida por sus ovejas. Yo soy el buen pastor; conozco a mis ovejas y ellas me conocen a mí.
(Jn 10,11.14)

Jesús le respondió:
– Yo soy el camino, la verdad y la vida. Nadie puede llegar hasta el Padre, sino por mí.
(Jn 14,6)

Pantocrátor. *San Clemente de Taüll*

Os aseguro que yo soy la puerta por donde deben entrar las ovejas.
(Jn 10,7)

Yo soy la vid, vosotros los sarmientos.
(Jn 15,5)

Jesús le respondió:
–Soy rey, como tú dices.
(Jn 18,37)

Yo soy el pan de vida. Yo soy el pan vivo bajado del cielo. El que come de este pan vivirá siempre.
(Jn 6,48. 51)

Rembrandt, *La Ascensión*, (detalle)

2 Lee estas citas evangélicas y escribe al lado el nombre o título que se da a Jesús en cada una de ellas. ¿Cuál de estos nombres crees que responde mejor a la imagen que tienes de Jesús?

Mt 8,29	
Mt 20,31	
Mc 2,10	
Lc 2,11	
Lc 22,70	
Jn 1,38	
Jn 1,41	
Hch 2,38	

▶ Los "nombres" dados a Jesús

La resurrección hizo "ver" a los discípulos que hasta entonces no habían entendido a Jesús. ¡Ahora veían claro! Reconocieron en él al enviado de Dios. Lo que descubrieron de él lo expresaron fundamentalmente con títulos o nombres aplicados a Jesús. En el Nuevo Testamento encontramos cerca de setenta de estos nombres: Santo, Justo, Hijo del Hombre, Mesías, Señor, Hijo de Dios, Salvador, Verbo de Dios... Veamos los cuatro más importantes.

Jesucristo

Este título es una palabra compuesta que resulta de la unión de Jesús y Cristo.

Cristo es la traducción al griego de la palabra hebrea *mesías*, que en castellano significa ungido, enviado por Dios. Así pues, decir Jesucristo es afirmar que Jesús de Nazaret es el Cristo, el Mesías.

La muerte de Jesús en la cruz había llevado a sus discípulos a pensar que en realidad él no era el mesías. La resurrección daba la razón a Jesús. Si el Padre lo había resucitado es que efectivamente él era el mesías.

Hijo de Dios

La resurrección hizo ver que la relación de Jesús con el Padre era única, especial. Dios estaba con él, hasta el punto de que Jesús mismo era Dios.

El título de Hijo de Dios aplicado a Jesús de Nazaret significa para los cristianos que su persona es plenamente humana y plenamente divina: es verdadero Dios y verdadero hombre a la vez.

NANDO, *Jesús, centro de la historia de la salvación*. Madrid, Paulinas

Salvador

El nombre *Jesús*, en hebreo, quiere decir "Dios salva". Con este título se indica que la muerte y resurrección de Jesús fueron salvadoras para toda la humanidad. Esto quiere decir que:

– Fueron un gesto de amor de Dios hacia las personas por el que se les perdonaron los pecados. Esto produjo la reconciliación de Dios con las personas y de estas entre sí.

– Jesucristo es una fuente inagotable de vida nueva para los que la quieran recibir. Así, les hace capaces de amar y de vivir como él mismo lo hizo. La vida humana ya no está dominada por el pecado y por la muerte.

¡Jesús es el Señor!

Con estas cuatro palabras, los primeros cristianos expresaban de forma resumida todo lo que habían descubierto en Jesús y todo lo que creían de él. Es como la síntesis de todo lo anterior.

Llamándole Señor, ponían a Jesús por encima de cualquier otra autoridad moral, política o religiosa. Él es el único salvador, la única norma que hay que seguir, el único que da vida auténtica y feliz.

en la red

www.encuentra.com

Entra en Galería de imágenes y, a continuación, en Imágenes de Jesucristo. Haz un pequeño álbum con las principales imágenes de Jesús relacionadas con los temas de este epígrafe.

S í n t e s i s

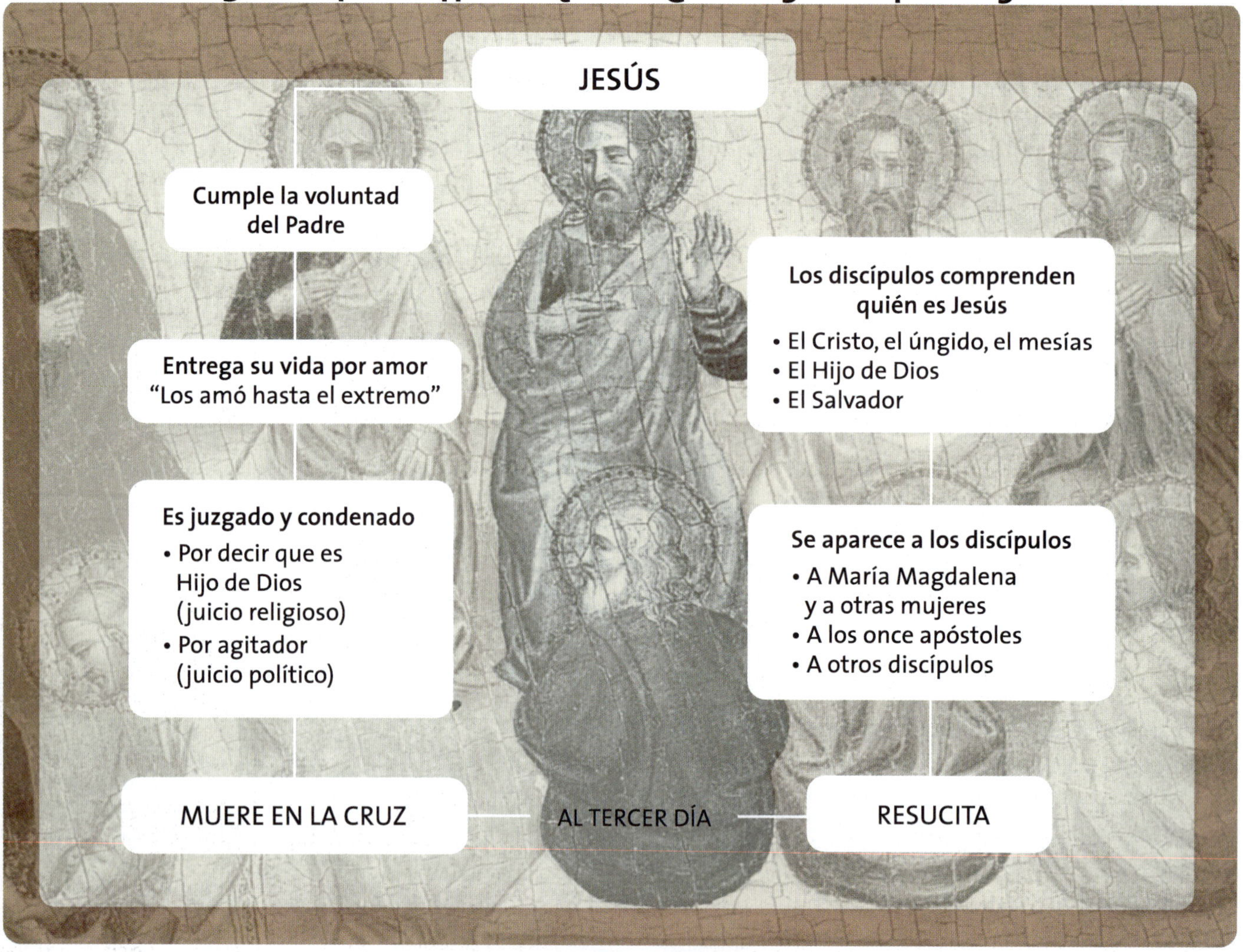

R E L A C I O N A

▶ Relaciona estos textos con lo que hemos visto en esta unidad.

- *Jesús expresó de forma suprema la ofrenda libre de sí mismo en la cena tomada con los Doce Apóstoles en "la noche en que fue entregado"* (CIC n.º 610a).
- *En la víspera de su Pasión, estando todavía libre, Jesús hizo de esta última cena con sus apóstoles el memorial de su ofrenda voluntaria al Padre, por la salvación de los hombres: "Este es mi Cuerpo que va a ser entregado por vosotros"* (CIC n.º 610b).
- *El misterio de la resurrección de Cristo es un acontecimiento real que tuvo manifestaciones históricamente comprobadas* (CIC n.º 639a).
- *Jesús resucitado establece con sus discípulos relaciones directas mediante el tacto y el compartir la comida* (CIC n.º 641a).

▶ ¿A qué hechos de la vida de Jesús hacen referencia las estrofas de este poema de Antonio Machado?

¿Quién me presta una escalera, / para subir al madero, / para quitarle los clavos / a Jesús el Nazareno?

¡Oh, la saeta, el cantar / al Cristo de los gitanos, / siempre con sangre en las manos, / siempre por desenclavar!

¡Cantar del pueblo andaluz, / que todas las primaveras / anda pidiendo escaleras / para subir a la cruz!

¡Cantar de la tierra mía / que echa flores / al Jesús de la agonía, / y es la fe de mis mayores!

¡Oh, no eres tú mi cantar! / ¡No puedo cantar ni quiero / a ese Jesús del madero, / sino al que anduvo en el mar!

ANTONIO MACHADO

1 Observa con atención esta obra del pintor alemán Lovis Corinth, titulada *Ecce Homo* y realizada en el año 1925. Representa a Jesús junto a un soldado alemán y un médico. La Segunda Guerra Mundial se inició años más tarde de haberse realizado esta obra y, sin embargo, el autor parece anticiparse a los acontecimientos y relacionarlos con la figura de Jesús de Nazaret.

- ¿Qué crees que el autor intentó expresar en esta pintura?
- Comenta esta frase: "Este cuadro representa, más que al Jesús de la historia, una figura válida en todo tiempo y lugar, más que el padecimiento del que sufre, la innoble explosión del odio colectivo que se descarga sobre él".

Lovis Corinth, *Ecce Homo*

2 Imagina que en Palestina, en tiempos de Jesús, hubiera periódicos. ¿Serías capaz de inventar dos titulares de prensa, uno sobre la muerte de Jesús, y otro sobre su resurrección? Fíjate en este ejemplo.

- Explica por qué has puesto esos titulares.

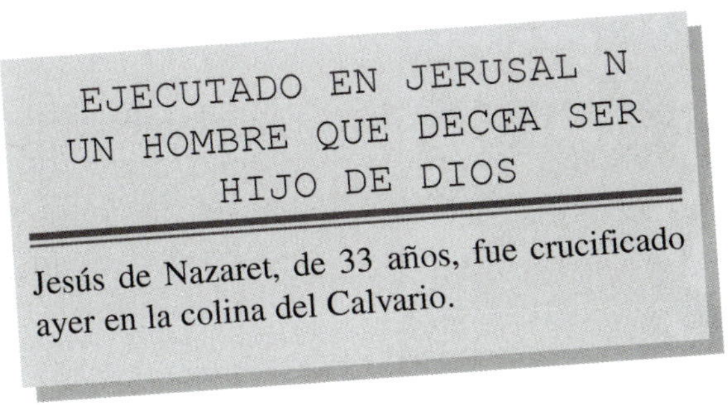

EJECUTADO EN JERUSAL N UN HOMBRE QUE DECŒA SER HIJO DE DIOS

Jesús de Nazaret, de 33 años, fue crucificado ayer en la colina del Calvario.

3 Relaciona estas dos viñetas con dos relatos de apariciones de Jesús resucitado a sus discípulos.

- ¿Quiénes son las personas que se encuentran con Jesús en cada caso? Si tienes dudas consulta *Lc 24, 13-35* y *Jn 20,24-39*.
- Indica una frase que te haya gustado de cada viñeta.

José Luis Cortés

4 Completa este acróstico con los nombres de los personajes que obtendrás de las cuestiones que te presentamos a continuación. Una vez completado, descubrirás uno de los nombres más importantes dados a Jesús.

1. Estaba al pie de la cruz; 2. Se encontró con Jesús resucitado; 3. Sumo sacerdote; 4. El que traicionó a Jesús; 5. Ayudó a llevar la cruz; 6. Madre de Jesús; 7. Gobernador romano; 8. Rey de Judea; 9. El discípulo incrédulo; 10. El que negó a Jesús.

Dossier

La semana más santa

La semana santa es para los cristianos el periodo más importante del año litúrgico. En ella se recuerda y celebra los últimos momentos de la vida de Jesús, su entrega a las personas por amor y su victoria sobre la muerte.

En diferentes lugares de nuestro país son numerosos los actos, ritos y costumbres que tienen lugar durante esos días. En estos acontecimientos se produce una curiosa mezcla de fervor religioso con la tradición y el arte.

Cuándo se celebra

La pascua cristiana está relacionada con la pascua judía. Jesús se reunió con sus discípulos para celebrar la fiesta de la pascua judía y en ese marco tuvieron lugar los acontecimientos de su pasión, muerte y resurrección.

La fiesta de pascua siempre tiene lugar el primer domingo después de la primera luna llena de la primavera que, como bien sabemos, comienza el día 21 de marzo.

Como el mes lunar es de 28 días, el domingo de resurrección puede variar entre los días 22 ó 23 de marzo y 18 ó 19 de abril.

Qué se celebra

Domingo de Ramos

Entrada en Jerusalén
(Mt 21,1-11)

Jueves Santo

Última cena de Jesús
(Mt 26,17-30)

Viernes Santo

Muerte de Jesús
(Mt 27,32-56)

Domingo de Pascua

Resurrección de Jesús
(Mt 28,1-10)

LUDOVICO CIGOLI, *Entrada de Jesús en Jerusalén*; SALVADOR DALÍ, *Última Cena*; RUPNIK, *Cristo crucificado*; PIERO DELLA FRANCESCA, *Resurrección de Cristo*

Procesiones, pasos y cofradías

Uno de los actos religiosos más frecuentes en la semana santa en muchos lugares de nuestro país son las procesiones. A lo largo de la semana, numerosos pasos que representan escenas de la Pasión recorren las calles de pueblos y ciudades.

Las cofradías o hermandades que desfilan en las procesiones son asociaciones de cristianos que se congregan para celebrar los actos religiosos propios de esas fechas. Normalmente cada cofradía tiene un paso que representa alguna escena de la Pasión de Cristo y que da nombre a dicha cofradía.

Qué es un paso

Un paso es cada una de las andas procesionales en las que se representan pasajes de la pasión de Jesús. Las personas que llevan sobre sus hombros estos pesados pasos se llaman "costaleros".

La ruta del tambor en el Bajo Aragón

Durante la semana santa tiene lugar un ritual muy antiguo que se sucede cada año en nueve pueblos de Aragón. Juntos forman "La ruta del Tambor", que año tras año es visitada por miles de españoles y extranjeros.

El jueves o viernes santo más de quince mil tambores y bombos rompen al unísono anunciando la muerte de Cristo. Este comienzo es conocido como "la rompida de la hora". Cada uno de esos pueblos tiene una hora distinta de empezar, así como un toque particular y un color distinto para sus túnicas.

Desde ese momento el estruendo acompasado de los tambores no cesa hasta el sábado santo a las dos en punto de la tarde, momento en el que el silencio se convierte en espera de la resurrección. Esta costumbre proviene de la Edad Media.

COMENTA

1. Sabemos lo que los cristianos celebran durante la semana santa, pero ¿estás de acuerdo en la forma de celebrarlo? Explica tu respuesta.
2. Elige aquella expresión con la que estés más de acuerdo y explica por qué:
   - "Las procesiones de semana santa fueron en su origen manifestaciones religiosas, pero hoy se han convertido en representaciones teatrales para turistas".
   - "Las procesiones de semana santa son manifestaciones sinceras de la fe de los cristianos, aunque para algunos solo sean manifestaciones artísticas".

Las saetas, cantos a Cristo y a la Virgen

Las saetas son canciones tradicionales que se cantan en semana santa, especialmente en Andalucía. Este canto, en su origen, fue un rezo en voz alta dirigido a la Virgen María o a Jesús, pidiendo ayuda o alguna gracia.

Lo que en principio fue una oración sin melodía se ha convertido en uno de los cantes andaluces más famosos. Su origen es incierto y muy antiguo.

Algunas tradiciones de semana santa

- En Bercianos de Aliste, Zamora, se mantiene una antiquísima tradición que recoge el espíritu de cómo se vivía la semana santa en numerosos lugares de Castilla.
- En Lorca, Murcia, tienen lugar unos sorprendentes desfiles bíblico–procesionales, en los que las imágenes religiosas se alternan con escuadrones de romanos y carrozas con figuras bíblicas e históricas.
- En Valverde de la Vera, Extremadura, en la noche del jueves al viernes santo, se celebra la penitencia de *Los Empalaos*. Estos penitentes cargan a la espalda un pesado apero de labranza sujeto con sogas de esparto a pecho y brazos.
- En San Vicente de la Sonsierra, en la Rioja, durante las procesiones de jueves y viernes santo, un grupo de penitentes, denominado *Los picaos* se azota en la espalda con unas disciplinas de algodón en un rito que se remonta al siglo XVI.

Procesión de Jueves Santo. Bercianos de Aliste

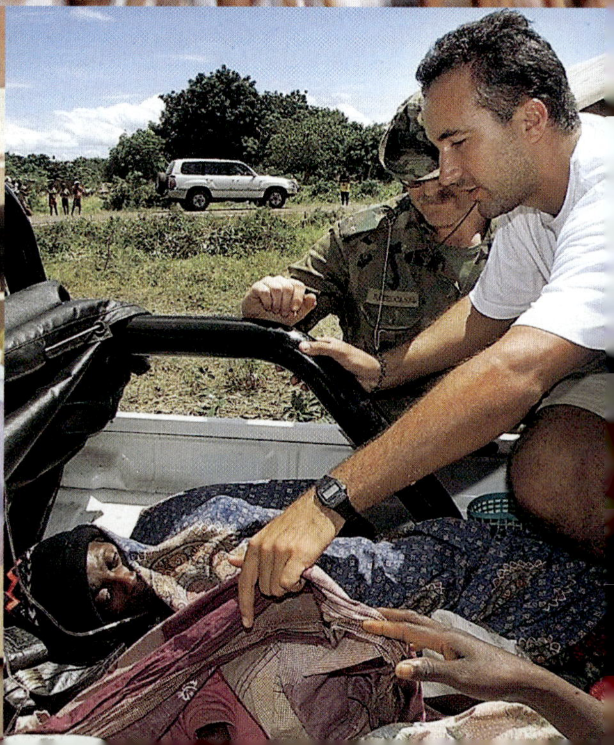

7

Un proyecto de vida

El ser humano está dotado de una serie de cualidades, habilidades y recursos. Consciente de ello crea su propio proyecto de vida desde la libertad. Para un cristiano, su proyecto de vida gira en torno a la persona y al mensaje de Jesús.

¿Sabías que ...?

- Más del 80 por ciento de los jóvenes españoles consideran que tienen libertad suficiente como para decidir sobre sus vidas.
- La palabra "persona" proviene del griego y significa la "máscara de actor" que utilizaban para representar a sus personajes.
- Para los jóvenes españoles lo que más influye en sus vidas es la familia y los amigos.

¿Qué opinas?

– *Observa las imágenes de estas dos páginas. Todos parecemos iguales entre tantas personas, pero no lo somos. ¿Qué crees que puede diferenciar la felicidad de unas personas con respecto a otras?*

– *¿Qué entiendes cuando alguien te dice que tiene un proyecto personal de vida?*

– *¿Crees que el proyecto de vida de un cristiano debe tener unas características especiales? ¿Cuáles?*

Lo que vamos a estudiar

➔ Qué significa tener un proyecto de vida.

➔ Las claves del proyecto de vida de un cristiano.

➔ Semejanzas y diferencias entre el proyecto de vida cristiano y los proyectos de otras religiones.

1. La vida en nuestras manos

PARA SER FELICES

Es importante conocerse bien a sí mismo para decidir qué se quiere ser en la vida.

1 Jorge Bucay es un psicoterapeuta que ha estudiado el tema de la felicidad en las personas. Lee con atención lo que dice y contesta a estas preguntas.

– ¿Cuáles son los ingredientes para que una persona pueda llegar a ser feliz?

– Para llegar a una cierta felicidad, ¿basta con actuar libremente y conocerse bien? ¿Qué otro elemento dice que es indispensable?

– Según Bucay, ¿en qué consiste un buen proyecto de vida?

Para ser feliz tienes que dirigir la película de tu vida. Necesitas ser lo suficientemente independiente de los demás como para elegir tu camino. Necesitas conocerte, saber quién eres, quererte y valorarte personalmente. Es imprescindible que te declares protagonista de tu vida. Una vez tienes todo eso debes elegir bien cuál es el propósito de tu vida.

JORGE BUCAY

Para ser feliz, hay que conocerse y valorarse.

2 Como recordarás, el personaje con barba larga y triángulo sobre la cabeza representa a Dios. ¿Qué critica este personaje?

– ¿Qué ideales de los proyectos de vida critica?

– ¿Cuáles crees que son los ideales de un proyecto de vida cristiano?

JOSÉ LUIS CORTÉS, *Agenda 1996*. Madrid, PPC

JOSÉ LUIS CORTÉS, *Agenda 2000*. Madrid, PPC

Saber quiénes somos

Lo que es cada persona se debe al resultado de dos grandes realidades:

- Por una parte, lo genético: son los rasgos que recibimos de nuestros padres, desde determinadas características físicas, como el color de los ojos, hasta rasgos de nuestro carácter.
- Por otra, nuestra historia personal: todo lo que hemos ido aprendiendo de las personas con las que hemos convivido, sobre todo en el ámbito de la familia y de la educación.

Es muy importante conocerse bien para tomar decisiones correctas sobre nuestra vida. Conocerse significa también aceptarse. Todas las personas tienen grandes posibilidades de desarrollo y, como no somos todos iguales, cada uno puede encontrar dentro de sí mismo las claves para un desarrollo personal único e irrepetible.

Para ser feliz,
hay que ser libre y elegir bien.

Libertad y voluntad

Además de conocerse uno mismo, para encontrar nuestro propio camino necesitamos libertad con respecto a lo que está de moda o está bien visto. Sin libertad no se puede elegir correctamente.

Esa libertad debe ir acompañada también de la voluntad. La voluntad es la capacidad que tenemos para poder llevar a cabo aquello que elegimos. La voluntad se puede educar y se puede reforzar a lo largo de la vida. Es una cualidad imprescindible para llevar a cabo el proyecto de vida elegido.

Elegir bien los motivos por los que vivir

Pero tener libertad y una gran voluntad, conocerse bien y aceptarse, no es suficiente. Todo eso constituye las condiciones básicas para un buen proyecto de vida, pero todavía falta lo más importante: saber elegir bien los ideales y valores que se quieren vivir.

Se puede ser libre y elegir como objetivo de la vida enriquecerse a costa de los demás. Por muy libre que haya sido esa elección, no es buena. Hay ideales y valores en la vida que desarrollan más felicidad que otros.

Un proyecto de vida consiste, precisamente, en decidir qué es lo que se quiere que dé sentido a la vida. Cuando la persona lo descubre, orienta su vida en torno a esos grandes valores que ha elegido.

2. El valor central del proyecto de vida cristiano

Un encuentro con consecuencias

El encuentro con Jesús a nadie deja indiferente. Quienes se han encontrado con Jesús han experimentado un cambio radical en su vida.

1 A continuación tienes dos relatos del evangelio en los que se narra el encuentro de Jesús con dos personajes: Zaqueo y el joven rico. Vamos a establecer una comparación entre ambos partiendo de lo que acabamos de estudiar sobre el proyecto de vida.

– Lee con atención los dos textos. ¿Cómo describirías el carácter de Zaqueo y el del joven rico?

Jesús y Zaqueo

Jesús entró en Jericó y atravesaba la ciudad. Había en ella un hombre llamado Zaqueo, jefe de publicanos y rico, que quería conocer a Jesús. Pero, como era bajo de estatura, no podía verlo a causa del gentío. Así que echó a correr hacia delante y se subió a una higuera para verlo, porque iba a pasar por allí. Cuando Jesús llegó a aquel lugar, levantó los ojos y le dijo:

–Zaqueo, baja en seguida, porque hoy tengo que alojarme en tu casa.

Él bajó a toda prisa y lo recibió muy contento. Al ver esto, todos murmuraban y decían:

–Se ha alojado en casa de un pecador.

Pero Zaqueo se puso en pie ante el Señor y le dijo:

–Señor, la mitad de mis bienes se los doy a los pobres, y si engañé a alguno, le devolveré cuatro veces más. Jesús le dijo:

–Hoy ha llegado la salvación a esta casa, pues también este es hijo de Abrahán.

Pues el Hijo del hombre ha venido a buscar y salvar lo que estaba perdido. *(Lc 19,1-10)*

El joven rico

En cierta ocasión se acercó uno y le preguntó:

–Maestro, ¿qué he de hacer de bueno para obtener la vida eterna?

Jesús le contestó:

–¿Por qué me preguntas acerca de lo bueno? Uno solo es bueno. Si quieres entrar en la vida, guarda los mandamientos.

Él le preguntó:

–¿Cuáles?

Jesús contestó:

–No matarás, no cometerás adulterio, no robarás, no darás falso testimonio; honra a tu padre y a tu madre, ama a tu prójimo como a ti mismo.

El joven le dijo:

–Todo eso ya lo he cumplido. ¿Qué me falta aún?

Jesús le dijo:

–Si quieres ser perfecto, ve a vender todo lo que tienes y dáselo a los pobres; así tendrás un tesoro en los cielos. Luego ven y sígueme.

Al oír esto, el joven se fue muy triste porque poseía muchos bienes. Jesús dijo a sus discípulos:

–Os lo aseguro, es difícil que un rico entre en el reino de los cielos. Os lo repito: Le es más fácil a un camello pasar por el ojo de una aguja que a un rico entrar en el reino de Dios.

(Mt 19,16-24)

2 Dibuja en tu cuaderno un cuadro similar a este y, sirviéndote de los textos evangélicos, rellena las casillas vacías.

	Zaqueo	Joven rico
¿Cuál era su proyecto de vida antes de conocer a Jesús?		
¿Qué le ofrece Jesús a cambio?		
¿Actúa libremente y con voluntad?		
¿En qué ha cambiado su proyecto de vida después del encuentro con Jesús?		

▶ Jesús, centro del proyecto de vida cristiano

Al igual que Zaqueo, el cristiano construye su proyecto de vida a partir del encuentro con Jesús, dando así sentido a su vida. En ese encuentro, el cristiano se siente amado y llamado a una vida nueva.

El proyecto de vida cristiano es algo más que un ideal de valores buenos. El cristiano pretende, a lo largo de su vida, profundizar en la relación con Jesús y orientar sus decisiones desde esa relación. Como en el caso de Zaqueo, el cristiano, con la ayuda de la voluntad, desea ir abandonando en su vida todo aquello que no se corresponde con el mensaje de Jesús.

Ese encuentro con Jesús se desarrolla desde la libertad, superando las presiones externas para decidir por uno mismo. De este modo esa relación con Jesús a lo largo de la vida constituye el núcleo del proyecto de vida cristiano.

RUPNIK, *Jesús, el maestro.*
Para el cristiano la relación con Jesús es el núcleo de su proyecto de vida.

▶ Jesús, referencia para la conducta del cristiano

El cristiano encuentra en Jesús el punto de referencia para su forma de actuar en la vida. Además de esa relación personal con Jesús, el cristiano dispone del testimonio de los evangelios que narran las palabras y los hechos de la vida de Jesús. En los evangelios, el cristiano encuentra otras orientaciones para construir su proyecto de vida y para decidir sobre su manera de actuar.

En su forma de comportarse, Jesús siempre estuvo cerca de los que sufren, de los enfermos, de los marginados, oponiéndose a los poderosos de su tiempo. Pero también en sus palabras Jesús nos dejó orientaciones para un proyecto de vida cristiano: el mandamiento nuevo del amor *(Mt 22,34-40)* y las Bienaventuranzas *(Mt 5,1-12)*.

Al progresar en el encuentro personal con Jesús y profundizar en sus hechos y palabras, el cristiano va construyendo su proyecto de vida.

JOSÉ LUIS CORTÉS, *el Señor de los amigos.* Madrid, PPC

El mandamiento más importante

–Maestro, ¿cuál es el mandamiento más importante de la ley?

Jesús le contestó:

–Amarás al Señor, tu Dios, con todo tu corazón, con toda tu alma y con toda tu mente. Este es el primer mandamiento y el más importante. El segundo es semejante a este: Amarás al prójimo como a ti mismo. En estos dos mandamientos se basa toda la ley y los profetas.

(Mt 22,36-40)

3. El valor de cada persona

La dignidad de la persona

Uno de los valores centrales de la predicación de Jesús es la dignidad de cada persona.

1 Miguel Ángel expresa por medio de esta imagen su idea de lo que es la persona. Observa detenidamente la pintura y explica su contenido.

Miguel Ángel, *La creación del hombre.* Vaticano, Capilla Sixtina

2 La columna de la izquierda de este cuadro contiene elementos que destacan en la pintura; la de la derecha, recoge, de forma desordenada, el significado de esos elementos. Intenta ordenar la columna de la derecha para que se corresponda con la de la izquierda.

1. El cuerpo de Dios y el del hombre son del mismo tamaño y están puestos en paralelo.	a) El cuerpo es una parte esencial de la persona.
2. La figura de Dios está en acción y transmite energía; la del hombre está más pasiva, en actitud de recibir.	b) El hombre tiene la capacidad de comunicarse con Dios y de amarle.
3. El cuerpo del hombre es bello y armónico.	c) Todo lo que el hombre es lo ha recibido de Dios y por iniciativa de él.
4. El hombre y Dios se miran cara a cara, aunque Dios se halla en un plano superior.	d) El hombre es imagen de Dios y lo hace presente en la tierra.

3 Sitúa en el lugar correspondiente del tablero estas tres palabras: **derechos**, **dignidad**, **discriminación**. Una vez completado el texto relaciónalo con la actividad anterior.

– ¿Qué afirman y qué condenan estas dos frases? La primera es del Catecismo de la Iglesia Católica; la segunda, del Concilio Vaticano II.

“L	A	■	I	G	U	A	L	D	A	D	■	E	N	T	R	E	■	■
L	O	S	■	H	O	M	B	R	E	S	■	S	E	■	D	E	R	I
V	A	■	E	S	E	N	C	I	A	L	M	E	N	T	E	■	D	E
■	S	U	■									■	■	P	E	R	S	O
N	A	L	■	Y	■	D	E	■	L	O	S	■	■	■				
				■	Q	U	E	■	D	I	M	A	N	A	N	■	D	E
■	E	L	L	A”.	■	“H	A	Y	■	Q	U	E	■	■	S	U	P	E
R	A	R	■	Y	■	E	L	I	M	I	N	A	R	■	C	O	M	O
■	C	O	N	T	R	A	R	I	A	■	A	L	■	P	L	A	N	■
D	E	■	D	I	O	S	■	T	O	D	A	■	F	O	R	M	A	■
D	E	■													.”	■	■	■

▶ Un valor muy concreto

El respeto y el amor a las personas es un valor fundamental en la vida.

En el apartado anterior hemos visto cómo Jesús constituye el centro del proyecto de vida del cristiano y cómo, además, nos dejó los valores para que el cristiano pueda orientar su vida.

Entre esos valores del proyecto de vida cristiano, la consideración de la persona aparece como un valor inviolable. Jesús predicó ese valor, aunque no lo formuló con esas palabras. Los cristianos, a lo largo de la historia, han ido concretando una serie de valores que recogen la predicación de Jesús. Uno de esos valores centrales es la dignidad absoluta de cada una de las personas.

Como sabemos, la importancia de cada persona se manifiesta ya desde el relato de la creación: si cada persona es imagen de Dios, única e irrepetible, no hay nada en la vida más importante que el respeto y el amor hacia las personas. Jesús, además, siempre defendió este valor. Por una parte, intentó liberar a cada una de las personas que se acercaban a él para que desarrollaran una nueva vida; y, por otra, luchó contra todos aquellos poderes que se aprovechaban de las personas o las oprimían.

Por eso, este valor es básico en el proyecto de vida cristiano: el respeto por la dignidad de la persona y la lucha contra cualquier forma de manipulación o de opresión ocupan un lugar central.

▶ Un valor muy central

Trabajar por el respeto a la dignidad de las personas exige un serio compromiso de ayuda a los demás.

Por un lado, este principio de la dignidad de la persona tiene para el cristiano una consecuencia inmediata: él mismo tiene que desarrollarse según esa dignidad. La persona es imagen de Dios y, por tanto, debe avanzar en su libertad y en su responsabilidad para reflejar en su vida esa imagen que Dios quiere hacer presente. Así, esto supone asumir la tarea de desarrollarse como persona auténtica aprovechando todas sus capacidades, en especial la capacidad de amar.

Por otro lado, este valor de la dignidad de la persona ayuda constantemente al cristiano a dirigir su conducta hacia las demás personas: intentará evitar todo aquello que pueda herir o hacer sufrir a los demás; aceptará que todas las personas son iguales por encima de sus riquezas o de sus razas; descubrirá que toda persona, desde su concepción hasta su muerte, es el reflejo de Dios, por muy pobre, anciano o enfermo que pueda estar.

Del mismo modo, el cristiano no se contentará solo con respetar a las personas, sino que se comprometerá en la lucha por un mundo cada vez más justo. Para ello trabajará en la creación de condiciones necesarias para el desarrollo de todas las personas del planeta. Eso supone luchar contra todo tipo de manipulación y de utilización de unas personas por otras.

4. Junto a otros

IGUALES EN DIGNIDAD

El cristiano no se siente solo en la defensa de la persona sino que comparte esa misma preocupación con otros hombres y mujeres.

1 La Declaración Universal de los Derechos Humanos fue proclamada por la ONU en 1948. Consta de una introducción y treinta artículos. De los aquí reproducidos, ¿qué tres de ellos consideras que son básicos? ¿Por qué?

Art. 1: Todos los seres humanos nacen libres e iguales en dignidad y derechos, dotados como están de razón y conciencia, deben comportarse fraternalmente los unos con los otros.

Art. 2: 1. Toda persona tiene todos los derechos y libertades proclamados en esta Declaración, sin distinción alguna de raza, color, sexo, idioma, religión, opinión política o de cualquier otra índole, origen nacional o social, posición económica, nacimiento o cualquier otra condición.

Art. 3: Todo individuo tiene derecho a la vida, a la libertad y a la seguridad de su persona.

Art. 4 : Nadie estará sometido a esclavitud ni a servidumbre; la esclavitud y la trata de esclavos están prohibidas en todas sus formas.

MÁXIMO, en *El País*

Art. 5: Nadie será sometido a torturas ni a penas o tratos crueles, inhumanos o degradantes.

Art. 18: Toda persona tiene derecho a la libertad de pensamiento, de conciencia y de religión (...).

Art. 23. 1: Toda persona tiene derecho al trabajo y a la libre elección de su trabajo (...).

Art. 24: Toda persona tiene derecho al descanso y al disfrute del tiempo libre (...).

Art. 26: 1a. Toda persona tiene derecho a la educación (...).

2 Piensa en acontecimientos que hayas oído o visto recientemente en los medios de comunicación, o de tu propio entorno, que puedan atentar contra alguno de estos derechos. Describe la situación e indica qué derecho quebranta de los señalados en la Declaración Universal de los Derechos Humanos.

3 Estos textos son una *regla de oro* para las principales religiones del mundo. Después de leerlos, indica las ideas fundamentales que comparten y su relación con los contenidos de la Declaración de los Derechos Humanos.

Hinduismo

No deberíamos comportarnos con los demás de un modo que no nos gustase a nosotros mismos: esta es la esencia de la moral.

(Mahabharata XIII, *114.8)*

Judaísmo

No hagas a los demás lo que no quieres que ellos te hagan a ti.

(Rabbi Hillel, Shabbat 31 a)

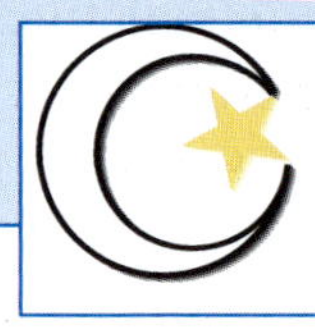

Islam

Ninguno de vosotros es creyente hasta que no desee para su propio hermano aquello que desea para sí mismo.

(40 Hadithe -Dichos de Mahoma- de an-Nawawi 13)

Budismo

Una condición, que no es buena para mí, no lo debe ser tampoco para los demás; y una condición que no es buena para mí, ¿cómo puedo yo imponérsela a otro?

(Samyutta Nikaya V, *353.35-354.2)*

Cristianismo

Tratad a los demás como queráis que ellos os traten a vosotros.

(Mt 7,12)

El valor de la persona, punto de encuentro

Los cristianos no están solos en este mundo. Existen no solo otras religiones sino otras tradiciones morales que, aunque no sean tradiciones de ninguna religión, también han llegado por diferentes motivos a la defensa de este valor central de la dignidad de la persona.

Por eso, el cristiano sale al encuentro de estas otras tradiciones religiosas y morales, para trabajar en este mundo por la dignidad de todas las personas.

Desde el siglo XVIII, y, sobre todo, a partir de 1948, la Declaración Universal de los Derechos Humanos se ha convertido en un ideal compartido por muchos hombres y mujeres del mundo. En esa declaración, además de reconocer el valor y la dignidad de toda persona, se especifican una serie de derechos que todas las personas tenemos por el mero hecho de nacer, como son el derecho a la vida y a la integridad física, a la seguridad, a la libertad de pensamiento, de conciencia y de religión, el derecho a la libertad de expresión, reunión y asociación, el derecho a la educación, etc.

La Declaración de los Derechos Humanos se ha convertido en un ideal para todos los pueblos.

Esta Declaración se ha convertido en un punto de encuentro y en un instrumento muy importante para la lucha por la dignidad de la persona en nuestro mundo.

Los motivos para actuar de cada uno

El hecho de que los cristianos se unan a todos los hombres y mujeres de buena voluntad en la lucha por la dignidad de la persona, no significa que utilicen los mismos criterios para decidir sobre sus propias acciones.

Ya hemos estudiado que el punto de referencia básico y fundamental para el cristiano es el encuentro y la cercanía con Jesús y los valores que él vivió y proclamó.

En otras tradiciones religiosas o morales, como por ejemplo el budismo, se actúa no tanto a partir de una relación personal con Dios como es el caso del cristianismo, sino a partir de una acción de la voluntad y el esfuerzo personal para ir evitando, poco a poco a lo largo de la vida, todo deseo. El budismo piensa que la causa del sufrimiento humano es precisamente porque deseamos. Su objetivo es ir eliminando todo deseo para dejar de sufrir y eso es lo que dirige la conducta del budista.

En el caso del islam, por ejemplo, Mahoma es un profeta, pero no como la persona de Jesús, que para el cristiano es Dios hecho hombre. Para los musulmanes, Mahoma dejó escrita la doctrina en un libro, el Corán, y el creyente debe dirigir su forma de actuar a partir de lo que encuentra en ese libro. El cristiano utiliza la Biblia, pero no se limita a su lectura sino que a través de ella llega a una relación más personal e intensa con Jesús. Este encuentro y relación con Jesús es la clave de su proyecto de vida y de su actuación.

Para un cristiano el punto de referencia es siempre Cristo Jesús.

S í n t e s i s

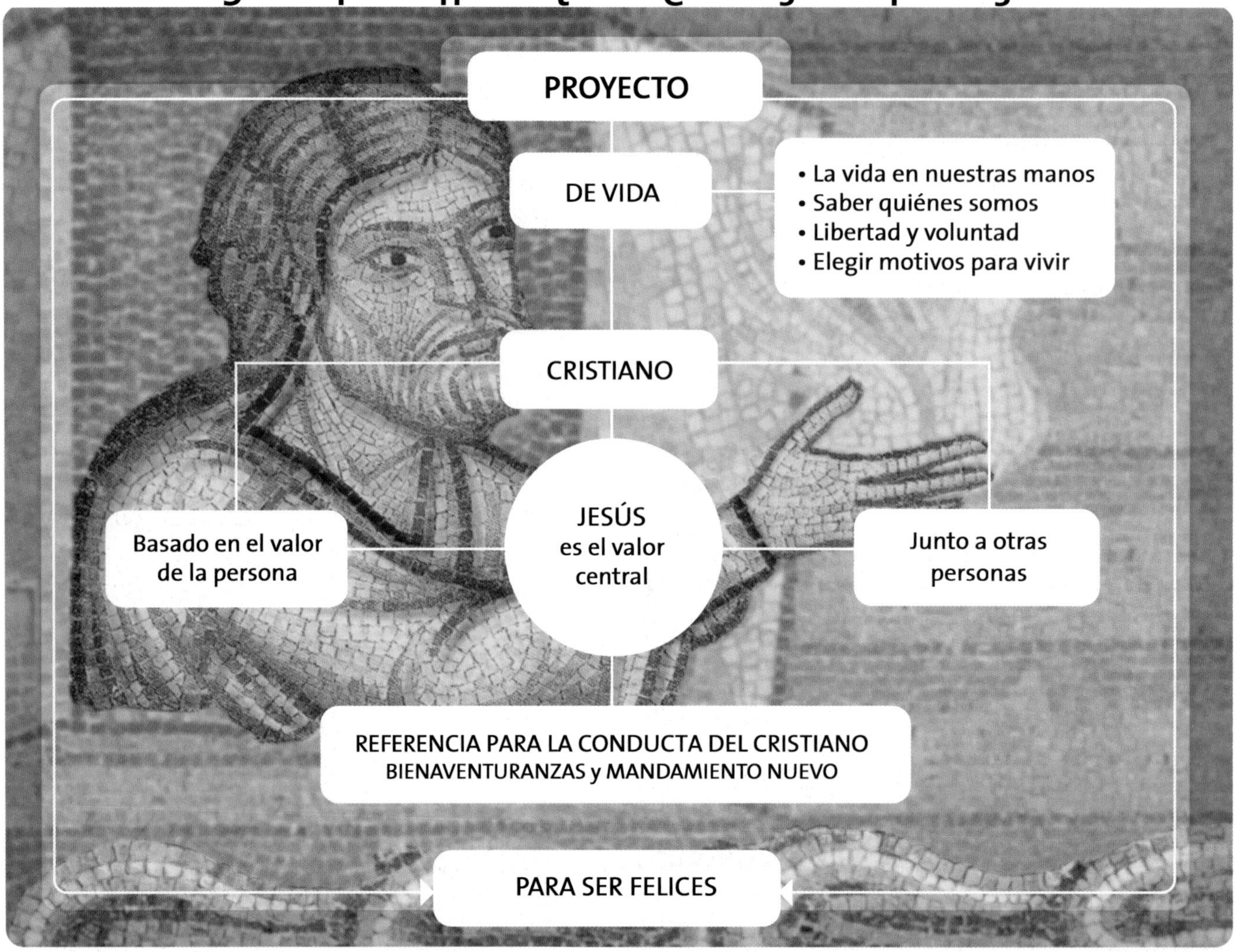

R E L A C I O N A

▶ Lee estos textos y relaciona su contenido con lo visto en esta unidad.

La razón más alta de la dignidad humana consiste en la vocación del hombre a la comunión con Dios (Concilio Vaticano II, *Gaudium et spes*, 19.1).

El derecho al ejercicio de la libertad es una exigencia inseparable de la dignidad de la persona humana, especialmente en materia moral y religiosa (Concilio Vaticano II, *Dignitatis Humanae*, 2).

Las bienaventuranzas responden al deseo natural de felicidad (CIC n.º 1718).

El respeto de la persona humana considera al prójimo como "otro yo". Supone el respeto de los derechos fundamentales que se derivan de la dignidad intrínseca de la persona (CIC n.º 1944).

▶ ¿Sabrías decir a qué personaje bíblico de los vistos en esta unidad hace referencia este poema?

Quise crecer, Señor,
porque no te veía...
¡Qué raquítico apoyo
buscó la desmedida
vanidad de mis sueños!
Ningún árbol empina
cuando el amor es poco
y la ambición exigua...
Mas yo esperaba verte.
Tu voz se me vertía buscándome la sed...
Pero yo no sabía que en Ti solo florecen
las ramas que se inclinan.

Ernestina de Champourcín,
El nombre que me diste

1 Construye el siguiente puzzle con los bloques sueltos. Una vez completado, escribe en tu cuaderno el mandamiento que Jesús recomienda a sus apóstoles.

■	C				■			■		A
			■	M		■				■
	■			■				■		S
■				■			■		■	■
■	V			O					■	■
P										■
		■			■	A			R	■
				■					■	■
■	■	P					N			E
R				■			■			■
				■	■		I	■	■	■
C							■			S
■	■						M			
			(Jn				■	■	■	■

O	T	R	O
A	N	E	C
I	■	A	M
■	S	O	L

N	D	A	M
15,	*9-*	*10).*	■

S	■	■
E	D	■
O	R.	■
O	■	■

■	■	P	E
R	E	I	S
A	M	O	R
C	U	M	P

■	■	M	A
T	O	S	*(Jn*

I	E	N
■	■	■

■	V	O	S
P	E	R	M
E	N	■	M
P	E	R	O

■	C	O	M
D	R	E	■
A	■	M	Í
■	A	M	O

■	P	A
M	A	■
■	O	S
A	■	■

R	M	A	N
■	E	N	■
■	■	S	I
L	I	S	■

O	■	E	L
M	E	■	A
■	A	S	Í
■	Y	O	■

E	C	E
M	I	■
■	■	■
M	I	S

2 Lee *Mt 5,18-22* e interpreta el contenido de este cuadro. Los discípulos del primer plano son Pedro y Andrés. ¿Quiénes son los que están en la barca? ¿Sabrías explicar cuál fue el proyecto de vida de los protagonistas de esta pintura?

GHIRLANDAIO, *Llamada a los primeros apóstoles* (fragmento)

3 Observa los dibujos y vuelve a leer el texto de las Bienaventuranzas (ver página 70).

– ¿Qué relación tienen los dibujos con el texto de las Bienaventuranzas?

– De las dos viñetas elige la más significativa para ti y comenta su conexión con la realidad en la que vives.

JOSÉ LUIS CORTÉS, *Un Señor como Dios manda.* Madrid, PPC

en la red

es.catholic.net

Escribiendo en el buscador *El valor de la persona*, encontrarás numerosos artículos referentes al tema.

www.multimedios.org

Entrando en la sección Ecumenismo (dentro de Teología) de esta Biblioteca Electrónica Cristiana podrás consultar diversa información sobre el ecumenismo y diálogo religioso.

Dossier

La vida es un proyecto

Todos tenemos una misión en la vida y mientras no la descubramos será muy difícil encaminar nuestros esfuerzos hacia objetivos definidos. Proyectar nuestra vida no solo se refiere a qué estudiaremos o a qué vamos a dedicarnos, sino que implica responder a algunas cuestiones fundamentales: ¿Qué quiero hacer con mi vida? ¿Qué estilo de vida deseo tener?¿Qué estoy dispuesto a hacer para lograr mis metas?

El maestro albañil

Un maestro albañil, de edad avanzada, decidió dejar de trabajar porque quería disfrutar de su familia y llevar una vida más tranquila. Sabía que iba a echar de menos la paga de cada mes con la que, entre otras cosas, pagaba el alquiler de su vivienda, pero pensó que hasta que cobrara la pensión de jubilado, podría arreglárselas con los ahorros que tenía. Se lo comunicó a su jefe, que lo sintió mucho ya que era un trabajador ilusionado y competente. No obstante, el jefe le pidió un favor personal.

– Quiero que construyas la última casa.

El maestro albañil, que estaba agradecido a su jefe, no supo negarse y le dijo que sí, a pesar de las pocas ganas que tenía de hacer este trabajo.

La falta de interés le llevó a edificar la casa de forma un tanto chapucera. Lo que quería era terminar pronto y descuidó los detalles e incluso algunas partes importantes, como el tejado, lo construyó de forma deficiente. Seguro que cuando lloviera habría numerosas goteras.

Cuando fue a cobrar el trabajo realizado, el jefe, además de la paga, le entregó un sobre con algo dentro.

– Ábrelo, le dijo.

El albañil sacó unas llaves.

– Son las de la casa que acabas de construir. Es un regalo por el buen trabajo que has realizado durante todos estos años.

El albañil le dio las gracias y se marchó apesadumbrado porque lo que había hecho con su propia casa era una auténtica chapuza.

R. Ducamp-Villon, *Figura femenina sentada*

"TÚ ERES LO QUE ESTÁS DISPUESTO A APRENDER"

Mary Bateson, antropóloga norteamericana, ha fundado una asociación de ayuda a las personas mayores.

– Mire su vida. ¿Qué ve?

– Nuestra vida es una obra de arte. Contemple la suya como un cuadro, una sinfonía o un poema inacabado. Cada uno da respuestas individuales a lo inesperado, a lo que le va sucediendo, y, así, con pinceladas cuyo sentido último desconocemos al darlas, componemos esa obra de arte: nuestra vida.

– ¿Y si no entiendes nada de tu vida es que estás componiendo arte abstracto?

– En realidad, usted sigue su propio plan aunque sea secreto incluso para usted... Todo tiene un sentido si sabe usted encontrarlo.

– ¿Ha encontrado el sentido de su vida?

– El aprendizaje. Ahora que tengo 64 años veo el cuadro completo de mi vida y por qué yo iba dando pinceladas aquí y allá... La continuidad de todo lo que yo hacía estaba en que siempre he estado fascinada por cómo aprendemos. Solo somos lo que estamos dispuestos a aprender.

Lluís Amiguet, entrevista a Mary Bateson, en *La Vanguardia*

Frases para pensar

"Solo cabe progresar
cuando se piensa en grande,
solo es posible avanzar
cuando se mira lejos."

José Ortega y Gasset

"Cuando el niño es niño...
eran tiempos de preguntas:
por qué soy yo, y por qué no tú;
por qué estoy aquí y por qué no allí.
Cuando la adolescencia,
estas preguntas se instalan como búsquedas...
Por qué yo ya no soy yo; por qué tú ya no eres tú;
quién soy yo, quién eres tú.
Y... hacia donde voy".

A. M. R. de Acosts

Lo que se persigue con un proyecto de vida

1. Lograr independencia y autonomía total como individuo.
2. Forjar una filosofía propia de la vida.
3. Conocerse a sí mismo.
4. Jerarquizar necesidades y establecer prioridades en su vida.
5. Conocer habilidades innatas y desarrollar otras.
6. Conseguir la autodisciplina y el autoaprendizaje.
7. Llegar al equilibrio entre la vida familiar, personal, laboral y social.
8. Adquirir un status y una posición socioeconómica estable.
9. Renovar constantemente nuevos objetivos. Mantener un espíritu de superación.
10. Lograr una auto-imagen integral y equilibrada de la persona y sus diversos roles.

COMENTA

1. ¿Qué relación encuentras entre la historia *El maestro albañil* y los contenidos que hemos estudiado?
2. ¿Qué tienen en común Mary Bateson e Isidoro Macías, las dos personas entrevistadas? ¿En qué basaron su proyecto de vida?
3. ¿Estás de acuerdo con lo que se dice en el apartado *Frases para pensar*?
4. De la sección *Lo que se persigue con un proyecto de vida* ¿qué tres puntos te parecen más importantes? ¿Por qué?

"SOLO SÉ HACER UNA COSA: AMAR"

Isidoro Macías nació en San Telmo (Huelva) y vive en Algeciras. Es franciscano de la *Cruz Blanca*. Le conocen como padre Pateras, por acoger y cuidar a mujeres africanas que llegan en patera tras cruzar el estrecho.

–¿Cómo se metió usted en esto?

–Todos tenemos un don de Dios.

–¿Y cuál es el suyo, padre?

–Yo solo sé hacer una cosa: ¡amar!

–¿Quién le enseñó?

–Yo tengo el ejemplo de mis padres, que se querían mucho.

Yo quería hacer algo, quería ayudar. Y a los doce años empecé a trabajar. A los 16 años estaba en la mili en Ceuta, y allí conocí a un hombre extraordinario, Isidoro Lezcano, que cuidaba enfermos incurables, drogadictos, borrachos, prostitutas... Me uní a él.

Victor Amela, entrevista a Isidoro Macías, en *La Vanguardia*

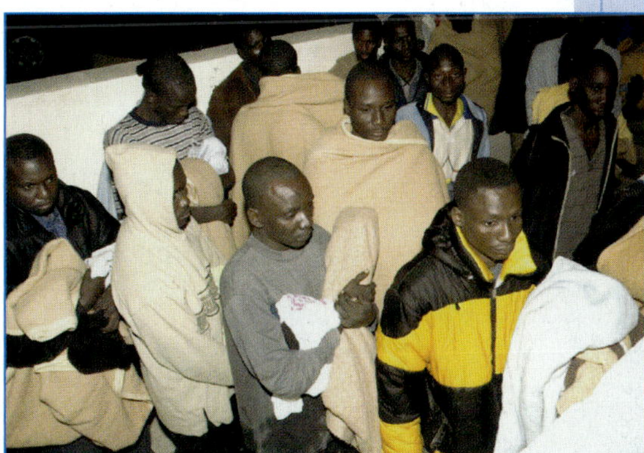

8

El regalo del amor

El amor, de una manera u otra, está presente en la vida de las personas. Y muy unida al amor, aparece la sexualidad. Pero, ¿qué es el amor?, ¿qué es la sexualidad?

¿Sabías que ...?

- Para el psicoanalista Erich Fromm el amor es un «arte» que requiere conocimiento y esfuerzo.
- En griego antiguo hay tres maneras de nombrar al amor: *eros*, *philia* y *ágape*, según se refiera al amor erótico, fraterno o altruista.
- La situación de la mujer en tiempos de Jesús era muy dura. Podía ser repudiada por su marido casi por cualquier causa.

¿Qué opinas?

– *Observa las fotografías de esta doble página. ¿Qué tipo de relación evoca cada una de las imágenes?*

– *El amor es el tema de muchas canciones y de muchas películas. ¿Recuerdas alguna que exprese bien lo que es el amor?*

– *¿Sabrías distinguir el significado de estas tres palabras:* sexualidad, sexo, género?

Lo que vamos a estudiar

- ➔ Qué es el amor y cuáles son sus diferentes formas.
- ➔ La sexualidad en la vida de las personas y su relación con el amor.
- ➔ Algunas orientaciones para vivir la sexualidad de forma madura.
- ➔ Los caminos adultos para vivir la sexualidad.

1. La experiencia del amor

Las mil caras del amor

Amor es una palabra con un significado amplio que encierra un sentimiento vital para el desarrollo del ser humano.

1 El amor es siempre una relación, pero es un tipo de relación especial. Aquí tienes varias imágenes que expresan relaciones de amor. Responde en tu cuaderno a estas preguntas.

– ¿A qué tipo de relación hace referencia cada una de las imágenes: al amor entre padres e hijos, amor de amistad, amor al prójimo, amor de pareja, amor a Dios?

– ¿Qué tiene que darse en una relación para que se le pueda llamar relación de amor?

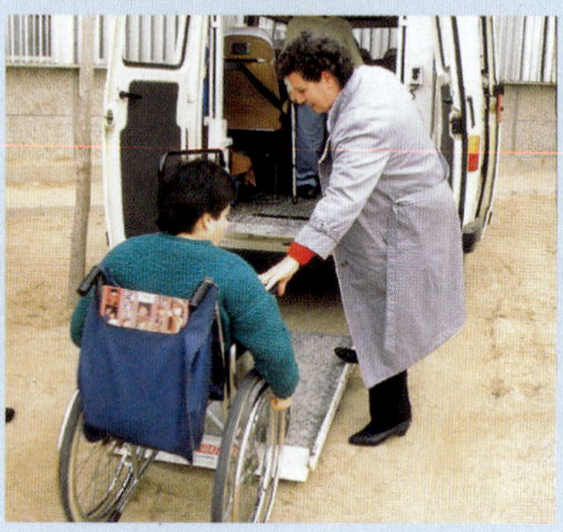

2 Copia en tu cuaderno un cuadro similar a este y completa la columna de la derecha indicando una característica del amor contenida en la frase. ¿Serías capaz de describir lo que para ti es el amor?

a) Amar es lo contrario de utilizar, Juan Pablo II.	*Generoso*
b) La capacidad de reír juntos es amor, François Sagan.	
c) El amor es lo único que crece cuando se reparte, Saint-Exupery.	
d) El amor para ser auténtico debe costarnos, Teresa de Calcuta.	
e) El amor es como el fuego que si no se comunica se apaga, Giovanni Papini.	
f) En el verdadero amor no manda nadie; obedecen los dos, Alejandro Casona.	
g) El verdadero amor no se conoce por lo que exige, sino por lo que ofrece, Jacinto Benavente.	
h) Cuando el amor es feliz lleva al alma a la dulzura y a la bondad, Víctor Hugo.	
i) Si en medio de las adversidades persevera el corazón con serenidad, con gozo y paz, esto es amor, Teresa de Jesús.	

▶ El amor es el centro

Todas las personas tienen experiencia de lo que es el amor. Todas han amado o se han sentido amadas alguna vez. Y cuanto más intensa y constante es la experiencia de amar y de ser amado, más feliz es la vida de la persona.

Nadie existiría si no hubiese recibido algo de amor, porque las personas no somos autosuficientes y necesitamos de los demás para vivir y para crecer como auténticos seres humanos. Podemos decir que somos el fruto de todas aquellas personas que nos han amado y que nos aman.

Somos seres incompletos que necesitamos llenar nuestro corazón y en el fondo de todos está el deseo de amar, de unir la propia vida a la de alguien y de hacer algo útil en este mundo.

Necesitamos de los demás para vivir y para crecer.

▶ Muchos y diferentes amores

Podemos decir que el amor es básicamente sentir que nuestra vida está unida a alguien distinto de nosotros. Pero esta experiencia del amor es una realidad muy compleja que hace referencia a múltiples aspectos de nuestra vida:

- **El amor en la *familia*.** Es uno de los elementos más importantes en la vida de las personas: la relación con los padres, hermanos, abuelos, primos, etc.
- **El amor de *amistad*.** La amistad es una de las experiencias más gratificantes de la vida. El amigo es la persona con la que se tiene una relación personal desinteresada, basada en un sentimiento recíproco de confianza y cariño.
- **El amor a los *compañeros de tarea*.** A los largo de nuestra vida nos encontramos con muchas personas con las que compartimos proyectos y tareas en diferentes equipos de trabajo.
- **El amor de *admiración y respeto*.** Hay personas a las que admiramos y respetamos y de las cuales aprendemos porque nos atrae su forma de vida (personajes de la historia, personas comprometidas con la ayuda a los demás, educadores...).
- **El amor al *prójimo*.** Podemos sentir amor hacia las personas que lo necesitan más, porque sufren por algún motivo.
- **El amor a *Dios*.** La relación con Dios, aunque no lo veamos físicamente, es un sentimiento real en el corazón de las personas. El cristiano, al igual que Jesús, se siente profundamente amado por Dios y ese amor le ayuda, además, a vivir mejor todos los otros amores de su vida.
- **El amor *entre dos personas*.** Este amor comienza por el enamoramiento y es el único de los amores que incluye la atracción sexual. No cualquier atracción sexual es amor, pero todo auténtico amor de pareja incluye la atracción sexual. Este amor busca crear un "nosotros" entre las dos personas que se aman.

La riqueza y la profundidad de la experiencia del amor se van descubriendo a lo largo de la vida si ponemos los medios para ello. Y solo el que es capaz de amar de verdad, es feliz.

en la red

www.redjoven.org

Si escribes "amor" en el buscador de esta página de la Archidiócesis de Valencia obtendrás un listado de documentos sobre el tema.

2. La sexualidad

Y VIO DIOS QUE TODO ERA BUENO

La sexualidad es mucho más que el instinto sexual; es un componente esencial de la personalidad.

1 En la Biblia hay dos relatos que intentan expresar el sentido profundo de la sexualidad, algo que desde siempre ha intrigado a las personas. No se trata de relatos de tipo histórico, sino de narraciones didácticas que tratan de responder a preguntas como ¿cuál es el origen de la sexualidad?, ¿es algo bueno o malo?; ¿por qué es tan fuerte la atracción entre los sexos? Vamos a trabajar estos textos en varias fases:

– Lee estos dos relatos de la creación del hombre y de la mujer y trata de dar una primera respuesta a las preguntas planteadas anteriormente.

Creó Dios a los hombres a su imagen; a imagen de Dios los creó; varón y hembra los creó. Y los bendijo Dios diciéndoles:

–Creced y multiplicaos, llenad la tierra y sometedla; dominad sobre los peces del mar, las aves del cielo y todos los animales que se mueven sobre la tierra.

Vio entonces Dios todo lo que había hecho, y todo era muy bueno.

Gn 1,27.28.31

Entonces el Señor Dios formó al hombre del polvo de la tierra, sopló en su nariz un hálito de vida, y el hombre se convirtió en un ser viviente.

El Señor Dios pensó: No es bueno que el hombre esté solo; voy a proporcionarle una ayuda adecuada. Entonces el Señor Dios hizo caer al hombre en un letargo, y mientras dormía le sacó una costilla y llenó el hueco con carne. Después, de la costilla que había sacado al hombre, el Señor Dios formó una mujer y se la presentó al hombre. Entonces éste exclamó:

–Ahora sí; esto es hueso de mis huesos y carne de mi carne; por eso se llamará varona, porque del varón ha sido sacada.

Por esta razón deja el hombre a su padre y a su madre y se une a su mujer, y los dos se hacen uno solo.

Gn 2,7.18.21-24

2 Resuelve este acróstico. Las palabras que lo componen están relacionadas con los dos textos anteriores. Para orientarte, tienes una pista sobre cada una de ellas.

1. La sexualidad ha sido querida por él.
2. Lo es la sexualidad, como todo lo creado por Dios.
3. Fue lo que hizo Adán asombrado ante la mujer.
4. El hombre y la mujer la forman.
5. La mujer lo es para el hombre, y el hombre para la mujer.
6. El hombre lo estaba hasta que Dios formó a la mujer.
7. El hombre y la mujer lo son de Dios.
8. Lo que Dios hace sobre el hombre y la mujer nada más crearlos.
9. La creación de los dos sexos quiere evitarla.
10. Dios se lo pide al hombre y a la mujer para que sean fecundos.

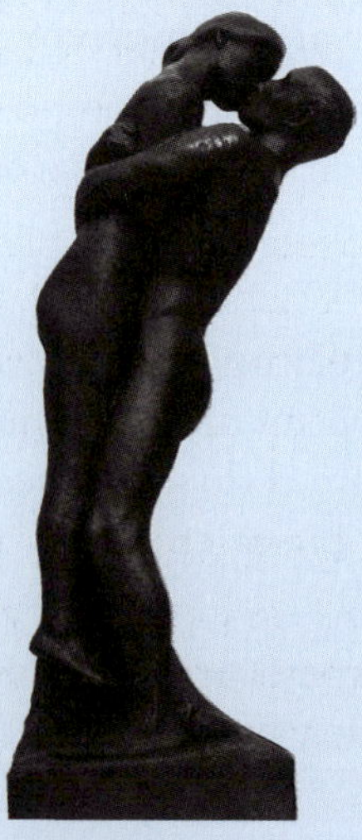

1.	_ _ _ S
2.	_ _ E _ _
3.	_ X _ _ _ _ _ _
4.	U _ _ _ _ _
5.	A _ _ _ _
6.	_ _ L _
7.	I _ _ _ _ _
8.	_ _ _ D _ _ _
9.	_ _ _ _ _ _ A _
10.	_ _ _ _ _ _ D

El instinto sexual

Hay un momento en la vida en el que la persona empieza a tomar conciencia de la presencia en ella del instinto sexual. Comienza a sentir una atracción nueva hacia algunas personas, muy distinta de la que se siente por personas de la propia familia o hacia los amigos.

También se toma una mayor conciencia del propio cuerpo. Este se desarrolla y empieza a interesar todo lo relacionado con los órganos genitales. Podemos decir, pues, que la persona suele descubrir la sexualidad por medio del instinto sexual. Y que este aparece en forma de sentimiento de atracción personal y en forma de placer.

Eduard Munch, *Amor y Psiqué*.
La sexualidad es un componente esencial de la personalidad.

¿Qué es la sexualidad?

La sexualidad es mucho más que el instinto sexual. Este es solo el indicio de una realidad muy rica e interesante. La sexualidad es un componente esencial de la personalidad. Es el que nos define como hombres o mujeres en todo lo que somos y hacemos.

La diferencia entre el hombre y la mujer tiene una base biológica, es decir, el cuerpo es masculino o femenino. Pero además, ser hombre o mujer son dos formas de ser persona: dos formas de sentir, de pensar, de actuar... Todas la células del cuerpo y todas las acciones de la vida, están marcadas por el hecho de ser y sentirse hombre o mujer. Las personas somos seres sexuados. La sexualidad no está al servicio de fines egoístas sino del amor verdadero.

La fuerza de la sexualidad

La sexualidad es una gran fuerza que mueve a la persona. Por un lado empuja a la comunicación con el otro sexo, porque busca en él la complementariedad. Los dos sexos son complementarios y se atraen. La relación y la comunicación con personas del otro sexo, enriquece a quienes las practican.

La sexualidad busca también el placer. Ser hombre o mujer, relacionarse como tal con los demás, y sentirse a gusto con el propio cuerpo, lleva a vivir de forma placentera. Además, el placer es particularmente intenso en las relaciones sexuales, es decir, cuando la comunicación entre las personas implica a los órganos genitales.

Por último, la fuerza de la sexualidad lleva a la fecundidad. Ser fecundo es dar vida. La sexualidad tiene que estar abierta a la procreación de los hijos. Tener hijos y educarlos es el mejor modo de ser fecundo. El instinto sexual y la atracción entre el hombre y la mujer, conducen frecuentemente a esta fecundidad.

en la red

www.masalto.com

Dentro del apartado dedicado a los jóvenes, entra en Ser mejor y allí elige el tema ¿Con quién estoy? Información sobre la amistad y el noviazgo.

3. La maduración de la sexualidad

Etapas y crecimiento

Infancia, pubertad, adolescencia, juventud, edad adulta, son términos asociados al proceso de crecimiento físico de la persona y a su maduración psicológica.

1. Observa estos cuadros. Pertenecen a distintos artistas de diferentes épocas.
   - Pon a cada cuadro un título diferente del que los pintores dieron a su obra. Puedes elegir algunas de estas expresiones: *Ternura, enamoramiento, miedo, armonía, entrega, comunicación, amor, soledad, desencanto.*
   - Explica por qué has elegido ese título concreto para ese cuadro.

Picasso, *La vida*

Caravaggio, *Narciso*

Rodin, *El beso*

Flandrin, *Hombre joven*

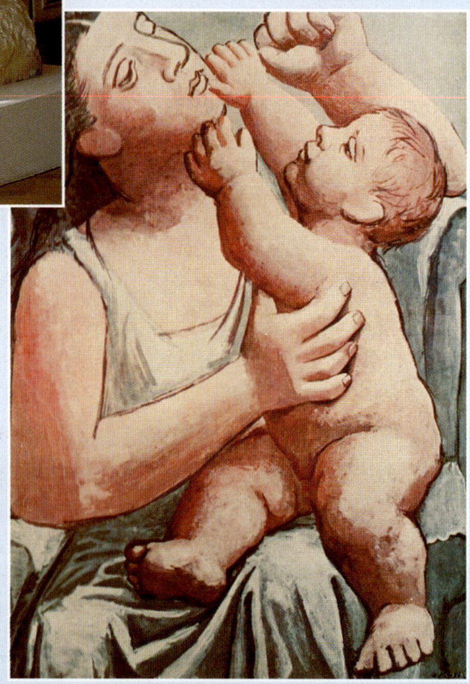

Picasso, *Madre e hijo*

2. Examina de nuevo los cuadros. ¿Cuáles te transmiten la sensación de una vivencia positiva de la sexualidad y cuáles no? ¿Por qué?

Sugerencias para el camino

La maduración de la persona es un camino largo y hermoso. Como bien sabemos, no nacemos maduros, sino que nos vamos haciendo personas poco a poco. De la misma forma ocurre en el campo de la sexualidad. El pleno desarrollo de los órganos sexuales no supone la madurez personal en la vivencia de la sexualidad.

Lo importante es tener una orientación para el camino. Hay formas positivas y formas negativas de vivir la sexualidad. ¿Cómo distinguir unas de otras? Las formas positivas son todas aquellas que llevan a la persona a amar más y mejor.

Para que la sexualidad esté bien integrada en nuestra personalidad y nos lleve a amar, conviene actuar sobre nosotros mismos. Algunas sugerencias que pueden ayudarnos:

- Conocer el propio cuerpo, estar a gusto con él, cuidarlo y respetarlo.
- Vivir la sexualidad como algo positivo, aceptando que ser hombre o mujer es una gran riqueza llena de posibilidades.
- Estar atentos a los sentimientos que la sexualidad genera dentro de nosotros, y orientarlos positivamente.
- Tener amistad con otras personas para conocerlas cada vez mejor y dejarnos enriquecer por ellas.
- Procurar que todos los comportamientos relacionados con nuestra sexualidad nos lleven a salir de nosotros mismos, a encontrarnos con los demás y a entregarnos a ellos.
- Estar bien formados e informados en todo lo referente a nuestra sexualidad. Es muy importante contar con la ayuda de los especialistas en este campo.

HENRI MATISSE, *Lujo*.
Una sexualidad bien integrada implica conocer el propio cuerpo, cuidarlo y respetarlo.

Algunos comportamientos sexuales específicos

A la luz de todo lo que venimos diciendo en este tema, se pueden hacer algunos comentarios sobre determinados comportamientos sexuales:

- **La masturbación.** En muchos casos este comportamiento se inicia con el descubrimiento del instinto sexual y del placer. Aunque esta conducta se suele producir al inicio del desarrollo de la sexualidad-genitalidad no es una forma madura de vivirla, porque mantiene a la persona centrada en sí misma y, frecuentemente, es una evasión hacia un mundo imaginario. La masturbación, en cuanto conducta contraria a la verdad de la sexualidad, y porque bloquea la maduración de las personas, no puede valorarse de forma positiva. La Iglesia la considera un desorden moral.
- **Las relaciones sexuales plenas.** . Es la comunicación más intensa y más íntima entre dos personas. Por eso solo tienen su pleno sentido cuando dos personas se aman, se entregan la una a la otra y así se intercambian este amor en el compromiso cristiano del matrimonio. La unión de los cuerpos realiza la unión de las personas. El placer que generan, y el diálogo y el conocimiento mutuo que suponen, hacen que estas relaciones vayan construyendo un amor fiel y cada vez más profundo.
- **El juego erótico sin amor.** Cuando las relaciones sexuales se realizan sin amor o fuera del matrimonio, se convierten en un juego que va degradando a la persona, ya que la sexualidad se reduce al mero instinto. El gran peligro de la vida sexual está en desligar la sexualidad del amor conyugal; por eso, la Iglesia considera inaceptables las relaciones prematrimoniales, porque no son un intercambio de amor.

en la red

www.enriquerojas.com

Puedes seleccionar los artículos del autor relacionados con Sexualidad o Desarrollo personal.

4. La sexualidad en el adulto

La sexualidad, expresión de la afectividad

La sexualidad humana vivida de forma madura no se reduce a mera genitalidad, es relación, afecto, ternura y comunicación.

1 ¿En qué estás de acuerdo o en desacuerdo con lo que afirma la autora del texto siguiente? ¿Por qué?
– Según tu opinión, ¿cuál es la diferencia entre deseo sexual y amor auténtico.

El sexo es comunicación, «no habría que entregar nunca el cuerpo sin antes haber entregado la mente».

Mucha gente desconecta la sexualidad del afecto. La relación entonces se convierte en algo de usar y tirar: de algún modo, se utiliza al otro, se le instrumentaliza. Hay una diferencia entre el deseo sexual con amor auténtico, una relación de persona a persona, que integra lo físico, lo mental, lo social y lo espiritual..., y el deseo sin amor que es un intercambio de genitales, cuerpo a cuerpo.

La revolución sexual cometió el error de ensalzar la relación sin amor y falsificó el lenguaje llamándole al acto sexual físico "hacer el amor". La gran revolución sexual consiste en comprender que la sexualidad es un medio de expresión de la afectividad. Freud decía que, si no encauzamos bien la sexualidad, nos convertimos en personas neuróticas. Yo me pregunto: ¿por qué se habla tan mal del cuerpo, el sexo y el amor?

Hay miles de chistes verdes que no hacen más que envolver de mal gusto la sexualidad. Los adultos solemos hacer comentarios, con segunda intención, o trivializamos estos temas. No sabemos hablar en serio de la sexualidad y preferimos ocultarla en chistes y risas. Es una pena que no se hable abiertamente de temas tan importantes y naturales. Así podríamos ayudarnos unos a otros a vivir mejor con nuestro cuerpo y con nuestra sexualidad.

Mari Patxi Ayerra,
Juntos somos más que dos. Madrid, PPC

Picasso, *Pareja*

2 Basándote en el texto que acabas de leer, ¿qué tipo de relación te sugiere la pareja del cuadro de Picasso?
– Escribe un pie de foto que exprese lo que para ti representa este cuadro de Picasso. ¿Qué crees que ha querido expresar el autor?

3 Con la lista de palabras que tienes a continuación trata de completar cada una de estas dos frases:
- ***La sexualidad humana es...***
- ***La sexualidad humana no es...***

– Ordénalas de mayor a menor importancia para ti. ¿Qué tres palabras has puesto en primer lugar?

relación	entrega	fidelidad
poder	dominación	egoísmo
complementariedad	placer	familia
diálogo	violencia	desigualdad
comercio	alegría	ternura
fecundidad	donación	posesión

▶ El hombre y la mujer en pareja

La mayor parte de las personas adultas forman parejas heterosexuales, es decir, sienten atracción sexual hacia individuos del sexo opuesto. La vida en pareja es la forma en la que desarrollan su sexualidad. Para los cristianos esta relación de pareja se realiza en el sacramento del matrimonio, del que se hablará en el capítulo siguiente.

Algunos elementos que ayudan a crecer en el matrimonio son:

- El amor, que es fiel, total y exclusivo.
- La igualdad, que excluye todo tipo de dominio o de superioridad de uno sobre otro.
- La complementariedad, que hace que los dos se aporten cosas y se enriquezcan mutuamente.
- Las relaciones sexuales plenas, que, como hemos dicho en el apartado anterior, son propias de la vida conyugal y son uno de sus pilares.
- La fecundidad. Esta se manifiesta normalmente en el hecho de tener o adoptar hijos y en su educación. Pero una pareja sin hijos también puede ser fecunda por todo lo que aporta a los demás con su vida y su actividad.

MODIGLIANI, *Los novios*.
La vida en pareja es la forma en que las personas adultas desarrollan su sexualidad.

▶ Otras opciones

La madurez de la sexualidad no exige necesariamente la vida en pareja o las relaciones sexuales. Hay personas que eligen el celibato como forma de vivir su sexualidad. No lo hacen por rechazo a la vida de pareja, sino que quieren orientar su sexualidad hacia el amor de otra manera, con un proyecto de vida distinto.

Hay muchos cristianos que son célibes para vivir como vivió Jesús, quien no se casó, pero que amó intensamente y vivió una vida muy fecunda. Los sacerdotes, religiosas y religiosos optan libremente por ser célibes para entregarse por entero a la vida consagrada a la que se sienten llamados.

Algunos cristianos optan por el celibato para vivir como Jesús vivió.

en la red

www.catholic.net

En el índice de esta página, en el apartado comunidades puedes encontrar un vínculo que habla de la vivencia de la sexualidad en adolescentes y jóvenes.

S í n t e s i s

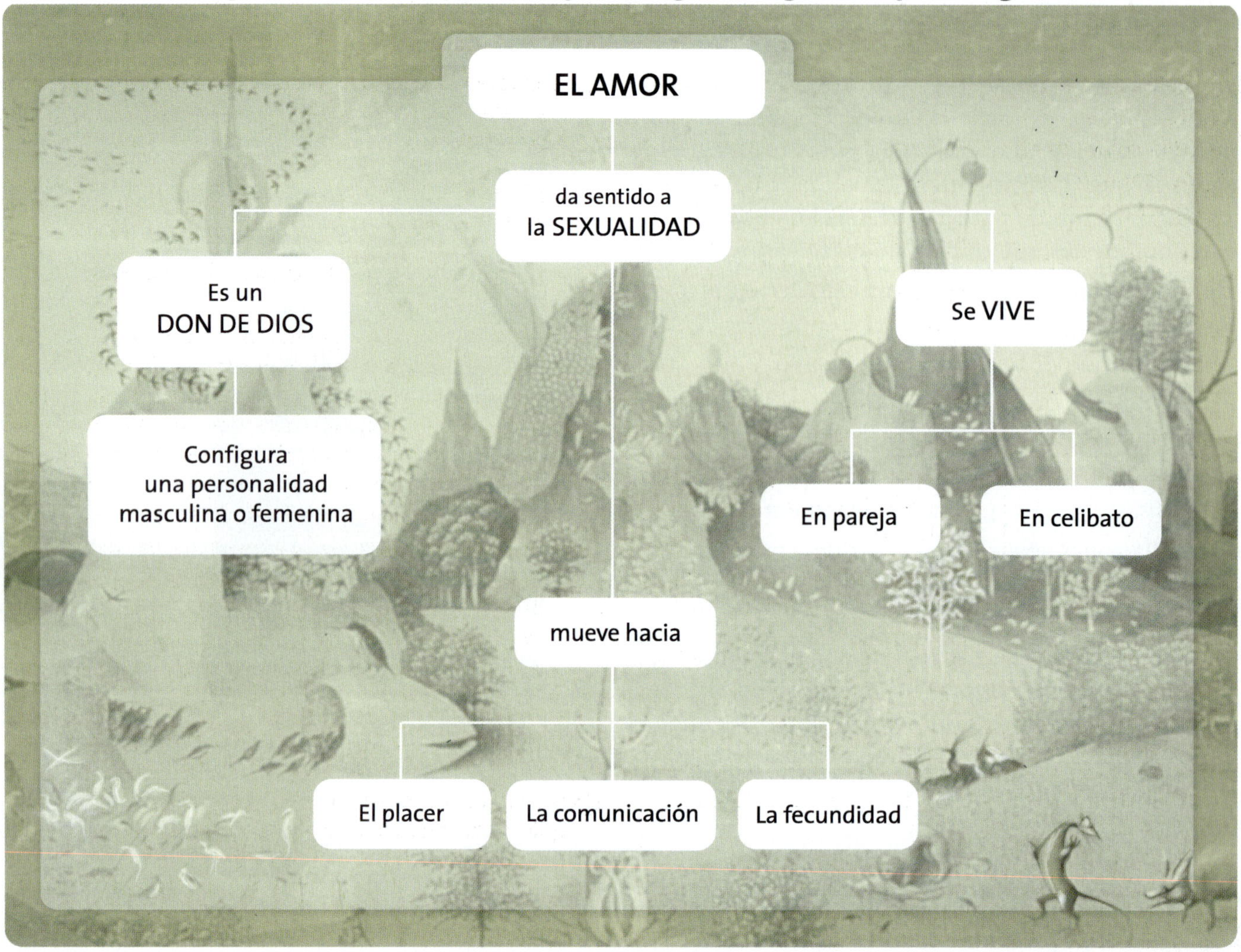

R E L A C I O N A

▶ Relaciona el contenido de estos textos del magisterio con lo estudiado en esta unidad.

Cada uno de los dos sexos es, con una dignidad igual, aunque de manera distinta, imagen del poder y de la ternura de Dios. (CIC n.º 2335)

La sexualidad abraza todos los aspectos de la persona humana, en la unidad de su cuerpo y su alma. Concierne particularmente a la afectividad, la capacidad de amar y de procrear y, de manera más general, a la aptitud para establecer vínculos de comunión con otro. (CIC n.º 2332)

La castidad implica un aprendizaje del dominio de sí (...) Conduce al que la practica a ser ante el prójimo un testigo de la fidelidad y de la ternura de Dios. (CIC n.º 2339 y n.º 2346)

▶ Indica qué relación tiene estos poemas con lo visto en el primer apartado de esta unidad didáctica.

"Quiéreme porque te quiero"
no es lo que dice el querer
cuando es querer verdadero.

Las palabras verdaderas
de querer son las que dicen:
"Te quiero aunque no me quieras".

José Bergamín

Dicen que el hombre no es hombre
mientras no oye su nombre
de labios de una mujer.
Puede ser.

Antonio Machado

1 En esta unidad hemos utilizado una serie de conceptos que conviene manejar con claridad.

– En la columna de la izquierda de este cuadro tienes los conceptos y, en la derecha, su explicación. Relaciona las contenidos de ambas columnas.

1. SEXUALIDAD	A. Rasgos corporales que distinguen al hombre de la mujer.
2. SEXO	B. Aquella que implica a los órganos genitales.
3. AMOR	C. Sentir que nuestra vida está unida a alguien distinto de nosotros.
4. ÓRGANOS GENITALES	D. Componente esencial de la personalidad que lleva a sentirse y a actuar como hombre o como mujer.
5. RELACIÓN SEXUAL	E. El conjunto que compone el aparato reproductor de las personas.

2 Comenta estas frases. Escribe en tu cuaderno una valoración personal de lo que afirman.

a) *Las personas perciben sus sentimientos acerca de los demás en términos de utilidades, es decir, que cuanto mayor sea la recompensa y menor el costo mejor será la relación.*

HOMANS, *psiquiatra americano*

b) *Si quieres ser amado, ama.*

SÉNECA, *filósofo hispanorromano*

c) *Si quieres conocer a una persona, no le preguntes lo que piensa sino lo que ama.*

SAN AGUSTÍN, *doctor de la Iglesia*

d) *En asuntos de amor los locos son lo que tienen más experiencia. De amor no preguntes nunca a los cuerdos. Los cuerdos aman cuerdamente que es como no haber amado nunca.*

JACINTO BENAVENTE, *dramaturgo español*

e) *Si en medio de las adversidades persevera el corazón con serenidad, con gozo y paz, esto es amor.*

SANTA TERESA DE JESÚS, *doctora de la Iglesia*

3 Una revista pidió a varias personas que escribiesen qué era para ellas el amor. Aquí tienes un fragmento de uno de los artículos.

– ¿Qué respuesta das tú a la pregunta con la que se abre este texto?

– ¿Estás de acuerdo con lo que afirma el autor?

Suelo hacer una pregunta a mis alumnos adolescentes: "¿El amor sometido a deberes?". Contestan unánimemente que no, que el amor es espontaneidad, expansión gozosa, libertad, y eso implica no hacer nada por obligación. Entienden que todo lo que se hace por deber es una hipocresía, una falta de autenticidad, una impostura o todo a la vez.

Cumplir un deber es siempre una tarea ardua y molesta, y una relación amorosa, por el contrario, ha de ser siempre fácil, estimulante y placentera. No me extraña que el amor, tal y como lo entienden, resulte tan frágil, puesto que se esfuma a la menor frustración, molestia o desencuentro.

JOSÉ ANTONIO MARINA

4 Los dibujantes se sirven en muchas ocasiones del triángulo para referirse a Dios. ¿Qué crees que ha querido expresar Máximo en esta viñeta?

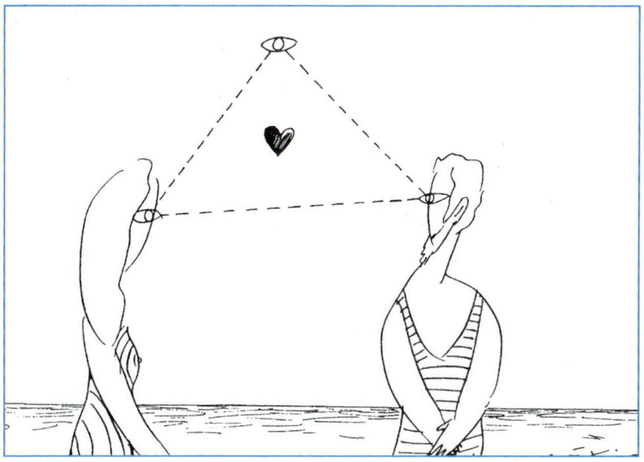

MÁXIMO

5 Resuelve este salto de caballo y obtendrás una frase sobre el amor escrita por el filósofo Leibniz.

		FE	MAR	DEL
PIA	ES	O	EN	LI
	LA	**A**	DAD	TRO
EN	PRO	LI	CI	TRAR
FE	DAD.	CON	LA	CI

Dossier

Amor y sexualidad en la poesía y la canción

La canción y la poesía son, probablemente, el mejor medio artístico para expresar el sentimiento del amor. ¿Qué pareja de enamorados no tiene su canción favorita? ¿Quién no se ha emocionado alguna vez con un poema de amor? ¿Cuántas veces no hemos recitado o cantado un poema de amor?
Y es que el amor es el motor de nuestras vidas. Desde el momento que amanecemos a la vida, necesitamos del otro. Es una constante de todo ser humano: tener a quien amar y sentirse amado.

Corazón partío

Tiritas pa este corazón partío.
Tiri-ti-tando de frío.
Tiritas pa este corazón partío,
pa este corazón partío.

Ya lo ves, que no hay dos sin tres,
que la vida va y viene y que no se detiene...
Y, qué sé yo, pero miénteme aunque sea,
dime que algo queda entre nosotros dos,
que en tu habitación nunca sale el sol,
ni existe el tiempo, ni el dolor (...).

¿Quién me va a entregar sus emociones?
¿Quién me va a pedir que nunca le abandone?
¿Quién me tapará esta noche si hace frío?
¿Quién me va a curar el corazón partío?
¿Quién llenará de primaveras este enero,
y bajará la luna para que juguemos?
Dime, si tú te vas, dime cariño mío,
¿quién me va a curar el corazón partío?

ALEJANDRO SANZ, del disco *Más*

Amor eterno

Podrá nublarse el sol eternamente,
podrá secarse en un instante el mar,
podrá romperse el eje de la tierra
como un débil cristal.

¡Todo sucederá! Podrá la muerte
cubrirme con su fúnebre crespón,
pero jamás en mí podrá apagarse
la llama de tu amor.

GUSTAVO ADOLFO BÉCQUER

Si me quieres, quiéreme entera

Si me quieres, quiéreme entera,
no por zonas de luz o sombra...

Si me quieres, quiéreme negra
o blanca. Y gris, y verde, y rubia,
y morena...
Quiéreme día,
quiéreme noche...
¡Y madrugada en la ventana abierta!...

Si me quieres, no me recortes:
¡Quiéreme toda... O no me quieras!

DULCE MARÍA LOYNAZ

COMENTA

En todas las épocas el amor y la sexualidad han estado presenten en la canción y en la poesía. Podemos decir que es el tema más repetido en ellas.

1. ¿De qué tipo de amor hablan estas canciones y poesías? ¿Con qué temas de los estudiados en esta unidad tienen relación?
2. ¿Puedes aportar tú alguna canción o alguna poesía sobre estos temas que te guste especialmente?
3. En la página 107 hablábamos de las diferentes clases de amor. ¿Conoces algún poema o canción que trate de ellos?

Nada valgo sin tu amor

Cuando el tiempo pasa
y nos hacemos viejos
nos empieza a parecer
que pesan más los daños
que los mismos años, al final.
Por eso yo quiero
que mis años pasen
junto a ti, mi amor eterno,
junto a mi familia,
junto a mis amigos y mi voz.

Porque nada valgo,
porque nada tengo
si no tengo lo mejor.
Tu amor y compañía
en mi corazón.

Y es que vale más
un año tardío
que un siglo vacío, amor.
Y es que vale más
tener bien llenito el corazón.
Por eso yo quiero
que en mi mente
siempre tu cariño esté bien fuerte,
aunque estemos lejos
o aunque estemos cerca del final.

Porque nada valgo...

JUANES, del disco *Mi sangre*

¡Qué a gusto sería...!

¡Qué a gusto sería
sombra de tu cuerpo!
¡Todas las horas del día,
de cerca te iría siguiendo!

Y mientras la noche
reinara en silencio,
toda la noche tu sombra estaría
pegada a tu cuerpo.

Y cuando la muerte
llegara a vencerlo,
sólo una sombra por siempre serían
tu sombra y tu cuerpo.

AUGUSTO FERRÁN

Por amor...

Por amor se han creado los hombres en la faz de la tierra,
por amor hay quien haya querido regalar una estrella,
por amor fue una vez al calvario con una cruz a cuestas
aquel que también por amor entregó el alma entera.

Por amor se confunden las aguas y en la fuente se besan,
y en las alas de las mariposas los colores se crean.
Por amor ha existido en el mundo siempre tanta belleza,
y el color de la naturaleza se pintó por amor.

POR AMOR SOY DE TI Y SERÉ TODA LA VIDA,
MIENTRAS VIVA. POR AMOR SOY DE TI,
POR AMOR, POR AMOR, POR AMOR

Por amor una noche cualquiera un amante se entrega.
Por amor en un beso se calman unos labios que esperan.
Por amor ya no llevo las cruces que me dio el sufrimiento,
y por ti, lo que fuera mi suerte se cambió por amor.

RAFAEL SOLANO / GLORIA ESTEFAN, del disco *Amor y suerte*

9

Matrimonio y familia

La familia es la institución social más extendida y arraigada en la sociedad. Su contribución a la estabilidad social y al desarrollo de la persona ha sido constante. Aunque a lo largo de la historia y en las diferentes culturas ha tenido características distintas, en lo fundamental no ha variado.

¿Sabías que ...?

- A la familia, los jóvenes españoles le conceden una importancia del 94,75%, superior incluso a la de los amigos (89,5%) y al propio trabajo (88%).
- Los jóvenes españoles valoran bastante bien (80,8%) las vivencias familiares relacionadas con la sensibilidad hacia los más desfavorecidos y con los problemas sociales.
- En nuestro país la media de edad para contraer matrimonio se sitúa en torno a los 31 años en el caso de los hombres y de los 29 años en el caso de las mujeres.

¿Qué opinas?

– *Observa las imágenes. ¿Qué papel crees que tiene la familia en la vida de una sociedad?*

– *¿Crees que la familia es importante en tu vida? ¿Por qué?*

– *Si tuvieras que calificar a la familia española. ¿Qué puntuación, de 1 a 10, le darías? Justifica la nota.*

Lo que vamos a estudiar

- Qué es el matrimonio y cuáles son los derechos y deberes de la familia.
- Dificultades que hoy afronta la familia y posibles soluciones.
- El sacramento del matrimonio y su sentido para los cristianos.
- El papel de la familia cristiana en el mundo de hoy.

1. Matrimonio y familia

Unidos por el amor

El matrimonio es una institución social, pero ante todo es un compromiso de entrega y ayuda mutua realizado por dos personas en el amor.

1 En el recuadro tienes cinco expresiones que describen algunas fases de la vida de una pareja y también cinco imágenes desordenadas. Relaciona cada imagen con una de las expresiones del recuadro.

1. Enamoramiento
2. Compromiso
3. Madurez en el amor
4. Fecundidad
5. Toda una vida juntos

2 Lee con atención el siguiente texto tomado del discurso del papa Benedicto XVI con motivo del *V Encuentro mundial de las familias* que tuvo lugar en Valencia el año 2006.

– ¿Qué se dice de la familia? Copia en tu cuaderno las expresiones con las que el texto define qué es la familia.
– Según este texto, ¿dónde está fundada la familia? ¿En qué se apoya?
– ¿Qué relación existe entre el matrimonio y la familia?
– Según tu opinión, ¿qué significa que "la familia es una escuela de humanización del ser humano"?

"La familia es el ámbito privilegiado donde cada persona aprende a dar y recibir amor. La familia es una institución intermedia entre el individuo y la sociedad, y nada la puede suplir totalmente. Ella misma se apoya sobre todo en una profunda relación interpersonal entre los esposos, sostenida por el afecto y comprensión mutua. Para ello recibe la abundante ayuda de Dios en el sacramento del matrimonio.
La familia es un bien necesario para los pueblos, un fundamento indispensable para la sociedad y un gran tesoro de los esposos durante toda su vida. Es un bien insustituible para los hijos, que han de ser fruto del amor, de la donación total y generosa de los padres. La familia es una escuela de humanización del ser humano. La familia, fundada en el matrimonio indisoluble entre un hombre y una mujer, expresa la dimensión relacional, filial y comunitaria, y es el ámbito donde el ser humano puede nacer con dignidad, crecer y desarrollarse de un modo integral".

BENEDICTO XVI en el *V Encuentro mundial de las familias*, Valencia 2006.

▶ El matrimonio, base de la familia

En el matrimonio, el hombre y la mujer se unen por amor. Los frutos de esta unión son muchos:

- ayuda a la pareja a realizarse como personas en todos los campos;
- crea las condiciones para que los hijos puedan nacer en un clima acogedor que garantice su cuidado y desarrollo;
- aporta al conjunto de la sociedad una estabilidad social y afectiva de gran importancia.

El matrimonio genera la familia. Y esta es el lugar donde las personas tienen sus raíces, donde se pueden sentir amadas por el mero hecho de existir, y donde aprenden desde los hábitos más elementales hasta los valores más importantes de la vida. Se puede decir que, en gran medida, la sociedad se sustenta en la familia y esta en el matrimonio.

La familia es el lugar donde las personas aprenden los valores más importantes de la vida.

▶ Derechos y deberes de la familia

Dada la importancia de la familia en la sociedad, hay una serie de derechos y deberes adquiridos que se le reconocen:

- Todas las personas tienen derecho a contraer matrimonio libremente.
- Los matrimonios tienen derecho a tener hijos en el momento elegido por ellos. Al dar vida a los hijos, los padres se comprometen a cuidarlos y educarlos de la mejor manera posible hasta que alcancen la mayoría de edad.
- Los padres son los primeros y principales educadores de sus hijos. Tienen derecho a educarlos de acuerdo con sus convicciones y creencias morales y religiosas. El Estado tiene la obligación de ayudar a los padres en esta tarea.
- La familia tiene derecho a ser protegida por el Estado. Este deberá asegurar las condiciones ambientales, legales, económicas y de todo tipo que ayuden a la familia a desarrollarse.
- La familia tiene la obligación de procurar siempre el bien común al conjunto de la sociedad.

La familia tiene derecho a ser protegida por el Estado.

en la red

www.churchforum.org

En la sección Familia y vida de esta página encuentras muchas reflexiones sobre el matrimonio y la familia.

2. La familia, hoy

Contexto social de la familia

Al hablar de familia no se puede generalizar, cada familia es distinta. La familia es uno de los indicadores más precisos del desarrollo de un país o de una sociedad.

Lee las siguientes noticias. Reflejan algunos de los problemas con los que se enfrenta hoy la familia.

– ¿Cuáles son estos problemas? ¿Observas alguno de ellos en tu entorno?
– ¿Qué otros problemas conoces? Pon algún ejemplo.
– ¿Se te ocurren algunas posibles soluciones para hacer frente a estas situaciones? Descríbelas.

Ruptura y violencia familiar

En los últimos años el número de rupturas matrimoniales en España ha aumentado en un 28,8%, aunque el número de nuevos matrimonios se mantiene. También ha crecido considerablemente el número de menores tutelados por las administraciones públicas.

Otro dato ascendente que no deja de inquietar es el aumento de denuncias por abuso y malos tratos a la mujer. Según el Instituto de la Mujer en lo que va de siglo se ha dado un incremento del 15,4%. En tan solo tres años han muerto un 10% más de mujeres víctimas de la llamada "violencia de género".

El 56% de los españoles cree que la mujer debe reducir su jornada laboral por «el bien familiar»

- La mitad no participa nunca en las tareas domésticas.
- Tres de cada diez consideran que si el trabajo escasea el hombre debe tener prioridad para conseguirlo.

Isidro Nonell

La vivienda, por las nubes

El precio de la vivienda en España ha sufrido en los últimos años un exagerado incremento. Entre los más afectados por este encarecimiento se encuentran los jóvenes, para quienes acceder a una vivienda requiere más del 50% de sus ingresos, mientras que el endeudamiento tolerado por los bancos es del 30%.

Agencia EFE

Algunas dificultades para la vida de las familias

El proyecto de vida en familia es algo hermoso, pero también está sometido a tensiones y dificultades. Algunas provienen de ella misma y otras del exterior.

Los principales problemas con los que se enfrentan las familias hoy son los siguientes:

- **Pobreza en todas sus formas.** En el mundo hay millones de familias que viven por debajo del umbral de la pobreza. Esto significa, entre otras cosas, viviendas en condiciones infrahumanas, desnutrición, nulo o escaso acceso a la cultura, insuficiencia económica, trabajo infantil, etc.
- **Dificultad para compaginar la vida de familia y la vida laboral.** La vida familiar exige dedicación, sin embargo, las obligaciones laborales de los padres no siempre dejan el tiempo y la tranquilidad necesaria para atender las necesidades familiares de modo adecuado.
- **Desigualdad entre los sexos y violencia.** Cuando el hombre y la mujer no conviven como iguales, o cuando uno intenta dominar al otro, se produce una violencia que en algunos casos llega a manifestarse en forma de agresión psíquica o física. La mayoría de las veces, la mujer y los hijos menores son las víctimas.
- **Carencia de actitudes personales constructivas.** Dentro de la pareja y del conjunto de los miembros de la familia, pueden darse actitudes que impiden el crecimiento de la familia como, por ejemplo, la falta de comunicación y de diálogo, el distanciamiento entre las personas, el individualismo y el egoísmo, la infidelidad al proyecto común, la ausencia de confianza, etc.
- **Rupturas matrimoniales.** Aunque en algunos casos la separación de la pareja es inevitable y puede considerarse un mal menor, no cabe duda de que el constante aumento de este fenómeno es un dato negativo para el conjunto de la sociedad. La separación frecuentemente conlleva el sufrimiento de la pareja o de los hijos, y genera un gran número de personas carentes de los elementos importantes para llevar adelante su proyecto de vida.

FERDINAND LÉGER, *Campista.*
La vida familiar se ve amenazada con frecuencia por las obligaciones laborales.

Un compromiso de todos

Los problemas enumerados en el apartado anterior, y otros que se podrían añadir, son los desafíos que presenta la vida en la familia.

El hombre y la mujer que se comprometen a fundar una familia deben prepararse para ello. Su proyecto de pareja tiene que basarse en el amor, el conocimiento mutuo, el respeto y la generosidad. En los momentos de dificultad deben buscar con decisión la manera de mantener vivo el amor que se prometieron.

Los hijos contribuyen a construir la familia cuando con amor responden al amor de sus padres, cuando se esfuerzan por llegar a ser personas adultas, libres y responsables, y cuando generan un buen clima de relación.

El Estado debe asumir la estabilidad y el desarrollo de la familia como un bien social. Para ello debe asegurar a las familias unas condiciones de vida dignas, y promover una legislación que la favorezca en todos los campos.

en la red

www.mtas.es/mujer

En esta página del Instituto de la Mujer, puedes acceder a datos estadísticos sobre la Familia entrando en Estadísticas. Mujer en cifras.

3. El sentido del sacramento del matrimonio

Testigos del amor de Dios

Para los cristianos, la vida matrimonial y familiar tiene su fundamento en el sacramento del matrimonio. Todos los sacramentos unen a las personas con Dios y les permiten recibir de él algo importante para sus vidas. Son un regalo y una gran ayuda.

En el caso del sacramento del matrimonio, el hombre y la mujer expresan el amor que se tienen y lo presentan a Dios. Él bendice este amor y se une a ellos para ayudarles a llevar adelante su proyecto de pareja. De esta manera, Dios se convierte en el cimiento sobre el que el hombre y la mujer construyen la familia.

El sacramento del matrimonio existe porque el mismo Jesús dio gran importancia a la unión del hombre y de la mujer. En su época existía entre los judíos la posibilidad de repudiar a la mujer por parte del marido, es decir, rechazarla por determinados motivos después de casados. Este derecho no era recíproco pues la mujer no podía repudiar al marido.

En una ocasión le preguntaron a Jesús si era lícito o no repudiar a la mujer. Su respuesta fue: "¿No habéis leído en la Escritura que Dios, al principio, 'los creó hombre y mujer', y que dijo: 'Por eso el hombre dejará a su padre y a su madre y se unirá a su mujer, y los dos serán uno solo'? De manera que ya no son dos sino uno solo. Por tanto, lo que Dios ha unido, que no lo separe el hombre".

Para los cristianos, la vida matrimonial y familiar tiene su fundamento en el sacramento del matrimonio.

Características del matrimonio cristiano

De acuerdo con lo dicho anteriormente, el matrimonio cristiano tiene las siguientes características:

- No es algo que incumbe solo a la pareja. Es un proyecto de amor cuya fuente permanente es Dios mismo.
- El amor de la pareja se convierte en un signo vivo del amor de Dios. Dios es amor y el hombre y la mujer aman como Dios ama.
- Es un amor fiel, para siempre. No excluye las dificultades en el camino, pero estas se ven como ocasiones de avanzar en la vivencia del amor.
- La fecundidad del matrimonio incluye la transmisión de la fe a los hijos y al entorno social.

La fecundidad del matrimonio incluye la transmisión de la fe a los hijos.

A C T I V I D A D E S

La celebración del sacramento del matrimonio consta de varios ritos, signos y gestos que expresan un significado profundo.

- El cuadro siguiente recoge, en la columna de la izquierda, las partes principales de la celebración; después, las acciones que se realizan; y a continuación, las palabras que se pronuncian. ¿Cuál es la parte central del rito del matrimonio? En algunos lugares se practican, además de estos, otros gestos simbólicos, ¿sabes cuáles son?
- En la parte inferior del cuadro tienes una serie de expresiones que indican actitudes. Pon en la columna de la derecha, en la casilla que creas conveniente, la actitud o actitudes que le correspondan.

PARTES	ACCIONES	PALABRAS	ACTITUDES
Manifestación de las disposiciones	El sacerdote dialoga con los novios.	*¿Venís a casaros con entera libertad?* *– Sí* *¿Os comprometéis a quereros y guardaros fidelidad durante toda la vida?* *– Sí* *¿Estáis dispuestos a recibir los hijos, fruto de vuestro amor, y a educarlos en la fe de Cristo?* *– Sí*	
Expresión del amor	Con las manos unidas, los novios se hablan el uno al otro.	*Yo (nombre) te quiero a ti (nombre) como esposo (a) y me entrego a ti, y prometo serte fiel en las alegrías y en las penas, en la salud y en la enfermedad, todos los días de mi vida.*	
Bendición de la unión	El sacerdote, seguido de todos los presentes, dice una oración.	*El Señor, que hizo nacer en vosotros el amor, confirme este consentimiento mutuo, que habéis manifestado ante la Iglesia y os otorgue su copiosa bendición. Lo que Dios ha unido, que no lo separe el hombre. ¡Bendigamos al Señor! ¡Demos gracias a Dios!*	
Alianza	La pareja se entrega mutuamente los anillos.	*(Nombre) Recibe esta alianza, en señal de mi amor y fidelidad a ti. En el nombre del Padre, y del Hijo y del Espíritu Santo.*	

- FE
- AMOR
- ALEGRÍA
- DAR VIDA
- LIBERTAD
- ENTREGA
- FIDELIDAD
- ESPERANZA
- COMPROMISO
- TRANSMITIR LA FE
- AGRADECIMIENTO A DIOS

4. La familia cristiana

Al servicio de la fe

La familia no solo es la base de la sociedad, sino también de la Iglesia. La fe se recibe y crece fundamentalmente en la familia, igual que la mayoría de las cosas importantes de la vida. Por eso, el matrimonio cristiano y la familia que forman, ponen los medios para vivir la fe. Aquí se enumeran algunos de estos medios.

- La vinculación a una parroquia o a un grupo de fe para buscar la formación y el crecimiento constante de la pareja en la vida de fe.
- Cultivar en los hijos el conocimiento de Dios y la relación con él desde la infancia.
- La oración en familia y la vivencia compartida de la eucaristía.
- El apoyo a los hijos en las distintas etapas de su evolución personal, potenciando la libertad, la responsabilidad y la autenticidad en la vivencia de la fe.
- La apertura de la familia a otras comunidades, grupos o movimientos cristianos que completan y enriquecen su labor en el campo de la fe.
- La búsqueda de la coherencia entre el evangelio de Jesús y la vida diaria de la familia: los valores que la mueven, el ambiente de relación que hay, lo que se dice y lo que se hace.

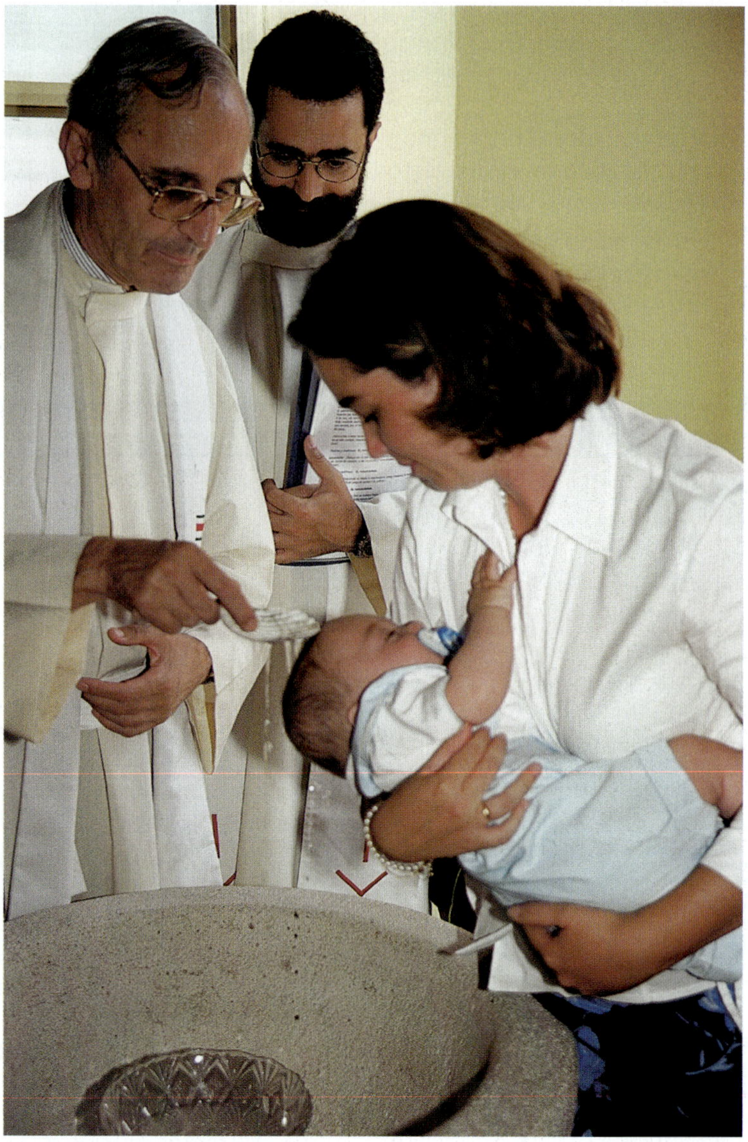

La fe se recibe y crece en la familia.

Al servicio de la sociedad

Cuando una familia se toma en serio la fe, puede aportar a la sociedad la vivencia real de muchos valores que la enriquecen. Por ejemplo:

- El valor de la persona por encima de todo. Esto es especialmente importante en los casos de personas deficientes, enfermas o ancianas.
- Un clima afectivo positivo y estable, en el que se experimenta la aceptación incondicional, la ternura y la comunicación.
- Un estilo de vida sencillo, no consumista, hospitalario y solidario con los necesitados.
- Un espíritu de cooperación, de ayuda y de sentido de la renuncia a favor del bien común.
- La familia cristiana enriquece con su vida, no solo a las personas que la componen, sino al conjunto de la sociedad.

en la red

www.masalto.com

Página de ayuda a la familia con apartados para adolescentes, niños y matrimonios.

Muchos tesoros

En la vida de muchas familias hay auténticos tesoros de fe y de humanidad. Normalmente pasan desapercibidos, pero en realidad son mucho más importantes que la mayoría de los titulares que aparecen en los medios de comunicación.

Aquí encontrarás algunos testimonios breves de familias cristianas.

– ¿Qué nombre o qué título le darías al tesoro que se encierra en cada uno de ellos?

Un hijo parapléjico

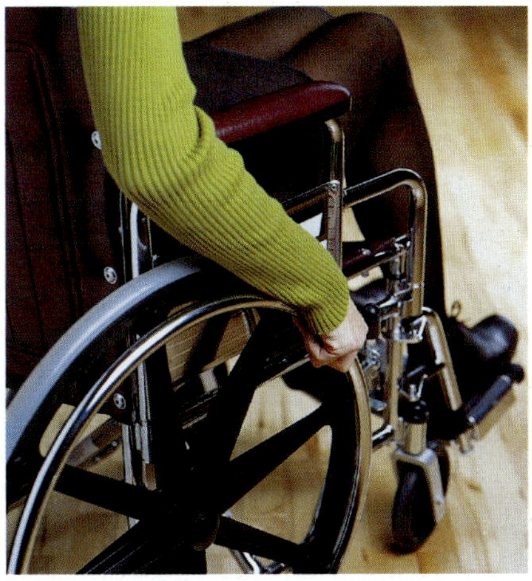

Cuando nuestro hijo pequeño, Jordi, tenía dieciséis años, tuvo un accidente de moto. Lo dejó parapléjico, en una silla de ruedas. Y reencontramos a Dios. Afortunadamente con más fuerza que nunca. Los informes médicos que nos daban eran muy pesimistas. Nosotros, los padres, orábamos y dábamos gracias a Dios por cada día de vida que le daba; y pedíamos que no le abandonase. Volvimos al pueblo. Aquí nos unimos a otras familias de la zona que, por distintos motivos, tenían hijos con discapacidades psíquicas y físicas. Luchamos para construir un gran centro para pluridiscapacitados en Vilafranca del Penedès.

JOSEFINA Y JAUME, en *Testimonios de matrimonios cristianos*. Barcelona, CPL

Bodas de plata

En nuestro 25 aniversario, renovamos el compromiso matrimonial. Queríamos que fuese un día especial; que ante los familiares, amigos, y sobre todo ante Dios, renováramos con más fuerza nuestro amor, y con más sentido que cuando lo hicimos entonces. En presencia de nuestros hijos y participando en la eucaristía por nuestro amor, queríamos decir ante todos y ante Dios (aunque Él ya lo sabe, pues ha sido quien nos ha puesto la semilla de ese gran amor en nosotros), que nuestra unión es más grande y fuerte que antes, que las adversidades de la vida nos han unido y nos han hecho más cercanos aún hacia los demás, pues desde hace tres años hemos tenido que asumir y vivir con la incertidumbre de la enfermedad y del cambio radical de vida ante algo que no se puede evitar.

SEVERIANO Y GISELA, en *Testimonios de matrimonios cristianos*. Barcelona, CPL

Anillos de plata

La solidaridad empieza en casa, con uno mismo, con la pareja, los hijos, con los padres mayores..., a veces es más fácil ser solidario fuera del hogar que en él. Optamos por los hijos. Esto significa darles nuestro tiempo para estar día a día con ellos, en detrimento de otras actividades: reducir nuestras jornadas laborales para poder llevarlos y recogerlos de la escuela, optar por trabajos que nos permitan compartir con ellos su tiempo, y rechazar otros con mejores salarios o con otras opciones profesionales. Nuestros anillos de compromiso son de plata en vez del oro habitual, como símbolo de austeridad. Las puertas de casa siempre han estado abiertas para todo y todos, intentando tener siempre tiempo para quien nos visitara.

SILVIA Y XAVIER, en *Noticias de Dios: pequeñas historias de solidaridad*. Barcelona, Cuadernos Cristianisme i Justicia, nº 98

Síntesis

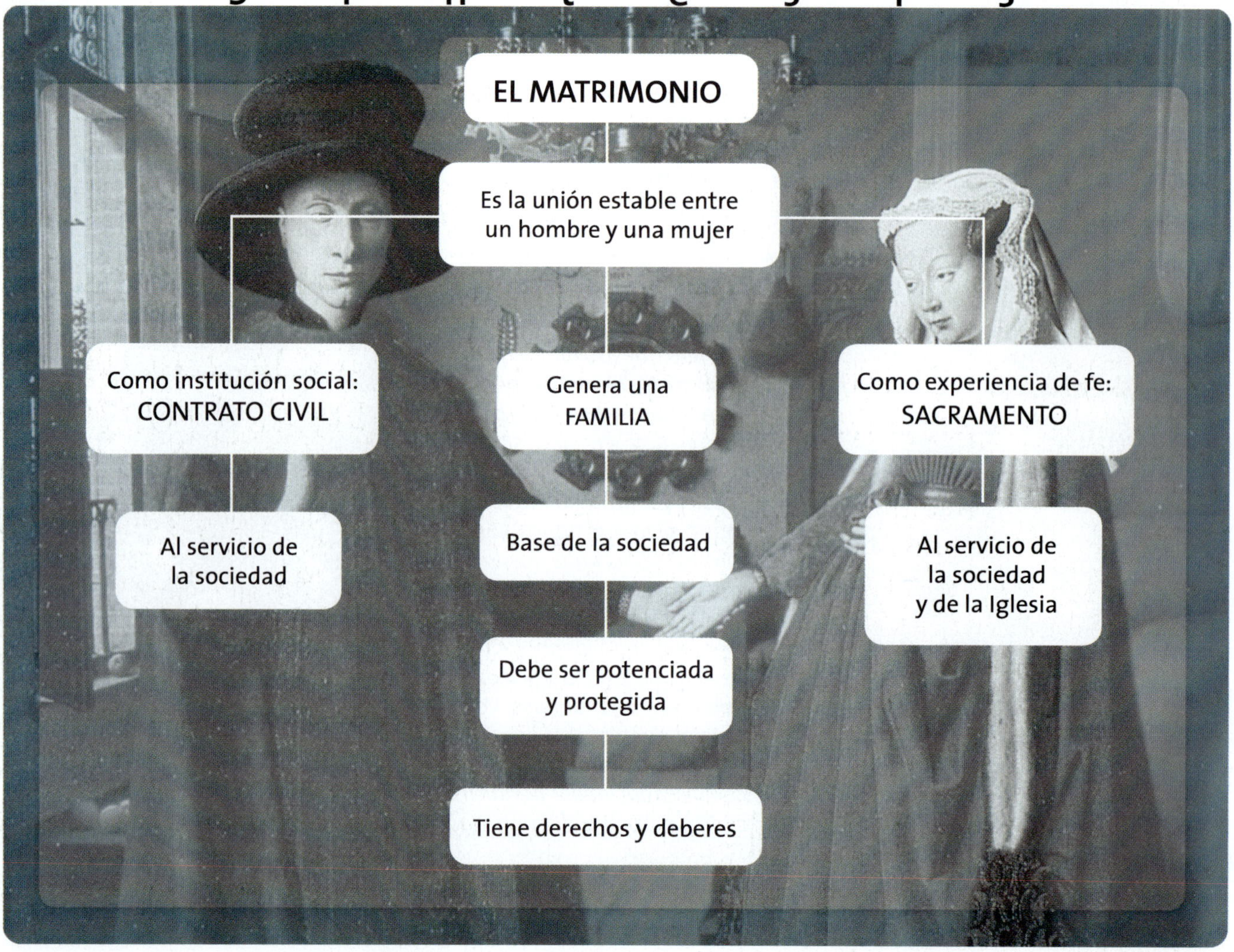

RELACIONA

▶ Aquí se definen conceptos que se han manejado en el tema. Relaciona lo que lees en estos párrafos con los contenidos trabajados.

- *La familia es la "célula original de la vida social". Es la sociedad natural en que el hombre y la mujer son llamados al don de sí en el amor y en el don de la vida.* (CIC n.º 2207)
- *La alianza matrimonial, por la que un hombre y una mujer constituyen una íntima comunidad de vida y de amor, fue fundada y dotada de sus leyes propias por el Creador. Por su naturaleza está ordenada al bien de los cónyuges así como a la generación y educación de los hijos. Entre bautizados, el matrimonio ha sido elevado por Cristo Señor a la dignidad de sacramento.* (CIC n.º 1660)

▶ Relaciona este texto del *Cantar de los Cantares*, con lo que has estudiado en este tema.

Grábame como sello en tu corazón,
como sello en tu brazo;
porque el amor es más fuerte que la muerte,
la pasión más implacable que el abismo.
Sus llamas son flechas de fuego,
llamarada divina.
Los océanos no podrían apagar el amor,
ni los ríos anegarlo.
Quien quisiera comprar el amor
con todas las riquezas de su casa
sería despreciable.

(Cant 8,6-7)

1 Muchas de las cosas que se han dicho en este tema, pueden ser expresadas en una sola imagen.

Contempla este cuadro.

- ¿Qué ves? Enumera las formas, los colores...
- La forma que está en el centro del cuadro, ¿qué te sugiere?
- ¿Cuál es la relación entre el cuadro y el tema que hemos estudiado en esta unidad?

ÓSCAR ALONSO, *Mucho más que dos*

A modo de sugerencias, aquí tienes unas pistas para contemplar el cuadro y para relacionarlo con este tema:

En la parte central podemos descubrir dos figuras, un hombre y una mujer. Tan unidos que prácticamente son una sola persona.

Esta pareja está caminando, no parada. Tiene un camino por el que avanzar. Más que mirarse el uno al otro, miran hacia delante.

Están en la tierra, no en las nubes. Caminan por este mundo.

Pero también están envueltos por el blanco, el color de Dios, la luz. Tanto que hay rayos de esa luz que les penetran, sobre todo en los rostros. Ellos también son luz.

2 ¿Crees que la institución familiar influye directamente en la organización y desarrollo de la sociedad? ¿En qué te basas?

- Para ayudarte en esta reflexión lee las siguientes frases:

El que es bueno en familia es también buen ciudadano. Sófocles, filósofo griego.

Todos los pueblos hostiles a la familia han terminado, tarde o temprano, por un empobrecimiento del alma. Herman Keyerling, filósofo alemán.

La más antigua de las sociedades y la única natural es la familia. Jean-Jaques Rousseau, filósofo francés.

3 Resuelve el siguiente acróstico completando las frases. Después escribe unas líneas que resuman lo dicho en esta unidad sobre la palabra que has encontrado.

1. F _ _ _ _ _
2. _ A _ _ _ _ _ _ _ _
3. _ _ M _ _ _ _ _ _ _ _ _ _
4. _ I _ _ _ _ _ _ _ _ _ _
5. _ L _ _ _ _ _
6. _ _ I _ _ _ _
7. A _ _ _

1. Los esposos deben serlo.
2. El matrimonio cristiano lo es.
3. Los padres lo están en el cuidado y educación de sus hijos.
4. La pobreza, la desigualdad y las rupturas lo son.
5. Dios la realiza con su pueblo.
6. Objetos que se intercambian los esposos en señal de fidelidad.
7. En el matrimonio es imprescindible.

en la red

www.aciprensa.com

Si entras en la sección Familia, encontrarás información sobre el matrimonio y la familia cristiana.

www.vatican.va

Si escribes en el buscador de esta página *v Encuentro Mundial de las Familias* en Valencia, puedes leer el discurso de Benedicto XVI.

Dossier

La celebración del matrimonio en otras religiones

La celebración del matrimonio varía su ritual y sus símbolos según las distintas culturas y religiones.

Existen algunos elementos comunes, como el deseo de felicidad y bienestar para la nueva pareja, los símbolos de compartir una vida en común, las oraciones y bendiciones que evocan la unión de Dios con su pueblo.

Vamos a descubrir en este dossier cómo se vive la fiesta del matrimonio en otras religiones y culturas.

El matrimonio judío

El rito judío del matrimonio varía según el país en el que se realice y el grado de ortodoxia de los participantes.

La boda no puede celebrarse cualquier día ya que está prohibido casarse durante ciertas festividades sagradas como el *sabbat*, la pascua hebrea y las tres semanas posteriores al verano.

Dentro de los cuatro días anteriores a la ceremonia, la novia debe sumergirse en un baño purificador, el *mikvê*, rodeada de las mujeres de su familia y de sus amigas, y no debe llevar joyas, maquillaje o complemento alguno. La víspera de la boda la pareja acude a la sinagoga para recibir del rabino la bendición divina para su futuro hogar.

La ceremonia religiosa, oficiada por un rabino, puede celebrarse en la sinagoga o en un domicilio particular.

El requisito imprescindible para poder celebrar el matrimonio es que los novios reciban las bendiciones debajo del *huppah*, un baldaquín confeccionado con seda y terciopelo adornado con flores, símbolo de la fragilidad del ser humano y de la protección divina.

Todos los asistentes a la ceremonia deben llevar su cabeza cubierta aunque no pertenezcan a la religión judía.

Una vez comenzada la ceremonia, el rabino da la bienvenida a los presentes y otorga su bendición a la pareja. El novio coloca la alianza en el índice de la mano derecha de la novia mientras recita unas palabras sagradas. Ella no debe responder nada ya que su silencio es señal de consentimiento y con este gesto los novios son ya marido y mujer.

Finalizada la entrega del anillo, el rabino da inicio a la lectura del *ketubah*, el contrato matrimonial que firman novios y padrinos.

Vaso ritual para bodas judías

MARC CHAGALL, *Boda*

Ketubah o contrato matrimonial judío

Matrimonio musulmán

La celebración del matrimonio musulmán se prepara íntegramente por las familias de los novios. Una semana antes de la boda se celebra una fiesta en casa de cada uno de los novios, donde ambas familias intercambian regalos.

La ceremonia es oficiada por un imán, normalmente en casa de la novia. El público asistente se agrupa por sexos, a un lado los hombres y a otro las mujeres. Los novios se sientan por separado a ambos extremos de la habitación. Se inicia la ceremonia con la lectura de unos versículos del Corán; después, el padre de la novia y dos testigos le preguntan a esta si acepta el matrimonio mientras el imán hace lo mismo con el novio.

Después de los consentimientos, la novia va a sentarse al lado del novio que retira el velo de su cara. El imán declara a los novios marido y mujer ante los testigos. Prosigue la lectura del Corán mientras se distribuyen higos, dátiles y frutos secos a los invitados.

Según la tradición, el padre entrega a su hija al novio, motivo por el que suegro y yerno inician una larga conversación en voz baja. Tras la ceremonia, los padres de la novia ofrecen una fiesta en su propia casa que puede durar varios días y a la que seguirá otra fiesta en casa del novio.

COMENTA

1. Después de leer los textos, busca similitudes en los símbolos que se utilizan en los distintos cultos.
2. ¿Qué diferencias encuentras entre estas celebraciones y el culto católico?
3. Además de lo aquí indicado, ¿conoces otras costumbres relacionadas con la celebración del matrimonio?
4. Investiga y busca información sobre cómo celebran el matrimonio en otras culturas.

Matrimonio ortodoxo

La ceremonia ortodoxa es similar a la católica salvo en la realización de algunos rituales adicionales cargados de valor simbólico.

Los ortodoxos dan gran importancia al número tres, pues simboliza a la Santísima Trinidad.

Al llegar los novios frente al altar, el sacerdote toma sus manos en símbolo de bienvenida. Después, bendice por tres veces los anillos y a la pareja.

Concluido el intercambio de anillos se realiza el ritual más representativo de la ceremonia ortodoxa: sobre las cabezas de los novios se colocan unas coronas enlazadas, símbolo de unidad y en memoria de Jesucristo y sus apóstoles.

A continuación, beben vino de una copa que simboliza la copa de la vida. Tras este gesto, cogidos de la mano y acompañados de sus testigos, dan tres vueltas alrededor del altar y besan por tres veces la cruz del sacerdote para expresar su compromiso de permanecer siempre unidos.

10

María es su nombre

Miles de mujeres de todo el mundo se llaman María. Son innumerables las imágenes de María presentes en nuestra cultura. Calles, santuarios y ciudades llevan su nombre. ¿Quién es esta mujer?

¿Sabías que ...?

- El nombre de María tiene varios significados: para unos significa *amor* o *belleza*; para otros, *señora* o *estrella del mar*.
- En tiempos de María las parejas se casaban muy jóvenes: los chicos en torno a los 14-16 años y las chicas alrededor de los 12-14.
- En tiempos de Jesús las mujeres no tenían los mismos derechos civiles ni religiosos que los varones. Dependían totalmente del padre o del marido.

¿Qué opinas?

– *Las imágenes de estas dos páginas son de la película* Jesús de Nazaret, *de Zeffirelli. ¿Qué momentos de la vida de María representan? ¿Qué otros hechos de su vida conoces?*

– *¿Recuerdas alguna oración o algún cuadro o poema dedicado a María? ¿Qué resalta de ella?*

– *¿Crees que María es una de las mujeres más importantes de la historia? ¿Por qué?*

Lo que vamos a estudiar

➔ La vida de María narrada en los evangelios.

➔ El relato de la Anunciación para comprender su significado.

➔ La relación que María mantuvo con su hijo Jesús.

María, según la película *Jesús de Nazaret*, de FRANCO ZEFFIRELLI.

1. Unida a Jesús

PROTAGONISTA EN LA SOMBRA

Los evangelios no hablan mucho de María, pero cuando lo hacen la describen como una mujer íntimamente unida a Jesús y fiel cumplidora de la palabra de Dios.

1. Observa este retablo. Alrededor de la imagen central aparecen diversas escenas del Nuevo Testamento en las que interviene María, la madre de Jesús.

– Sobre cada una de las imágenes hay un número o una letra. Después de contemplar el retablo realiza las actividades que se proponen en la página siguiente.

Fuente: Piccole Sorelle di Gesù

2 Dibuja en tu cuaderno una tabla como la que tienes al lado y complétala siguiendo estos pasos:

- En la casilla del centro escribe de qué escena se trata. Si tienes dificultades para identificarla, consulta estas citas bíblicas: *Lc 1,26-38; Lc 1,39-56; Lc 2,1-20; Lc 2,21-40; Lc 2,41-52; Jn 2,1-12; Jn 19,25-27; Hch 1,12-14; 2,1-4.*
- En la casilla de la derecha incluye la cita bíblica correspondiente.

Escena	Lo que representa la imagen	Cita bíblica
A	*La Anunciación a María*	Lc 1,26-38
B		
C		
D		
E		
F		
G		
H		

3 Hay otros pasajes en el Nuevo Testamento que de forma directa o indirecta nos hablan de María.

- Copia una tabla similar a esta, consulta la cita bíblica y escribe de qué acontecimiento se trata.

Mt 2,1-12	*Visita de los sabios de Oriente a Jesús niño en tiempos del rey Herodes*
Mt 2,13-23	
Mt 12,46-50	
Gál 4,4	

4 En el retablo hay otras imágenes que no representan hechos narrados literalmente en los evangelios, pero que quieren comunicar algo importante.

- ¿A qué hecho de la vida de Jesús se refiere la imagen 4 (ángulo inferior izquierdo)?
- ¿Qué crees que quiere decir el autor del retablo al pintar la imagen 1 y 2 (en la parte superior)? ¿Qué quiere expresar con la imagen 3 (ángulo inferior derecho)?

María, Alfonso Ruano

Una vida junto a Jesús

Para comprender cómo era María y conocer algunos de los acontecimientos principales de su vida tenemos que acudir al Nuevo Testamento.

- En los evangelios la encontramos siempre al lado de Jesús. En los relatos de la infancia se dice que María es una joven que vive en Nazaret donde recibe la visita de un ángel que le anuncia de parte de Dios que va a ser la madre de su hijo. Concibe un hijo del Espíritu Santo. Estando embarazada, visita a su prima Isabel y entona el *Magníficat*, un canto de acción de gracias por las maravillas que Dios ha hecho con ella.

  En la ciudad de Belén da a luz a Jesús; recibe la visita de unos pastores y de unos magos de Oriente. Lleva a su hijo al templo para circuncidarlo y presentarlo al Señor. Ante las amenazas del rey Herodes, huye a Egipto, y a su regreso, se instala en Nazaret.

  Cuando Jesús, ya adulto, recorre Palestina anunciando el reino de Dios, María también está junto a él. La vemos en las bodas de Caná o con otros discípulos durante su predicación o al pie de la cruz, en los momentos dramáticos de la muerte de su hijo.

- En los Hechos de los Apóstoles se dice que María estaba junto a los otros discípulos, participando en las actividades de la comunidad.

en la red

www.marianistas.org

Pincha en Galería, luego en Imágenes religiosas y contempla dentro de Iconos rusos, las representaciones de María.

www.orthodoxworld.ru

En la sección Iconos de las festividades y El icono es una imagen encontrarás información sobre estas imágenes religiosas.

2. Llena de gracia

Que suceda como dices

El evangelio de Lucas es el que más nos habla de María. El primer hecho que nos cuenta de su vida es el de la visita de un ángel con un mensaje de parte de Dios.

1. En la Biblia hay varios relatos de *anunciación* que suelen tener una estructura parecida.
   - Lee el texto bíblico sobre la Anunciación (*Lc 1,26-38*) y sigue el esquema que tienes en la casilla de la izquierda.
   - Copia en tu cuaderno esta tabla y escribe en la casilla de la derecha la frase correspondiente.

2. Los relatos de anunciación, además de una estructura similar, tienen una intención muy concreta.
   - ¿Cuál es mensaje principal del relato de la Anunciación narrado por Lucas?
   - Según esto, ¿qué es lo que el evangelista ha querido transmitir?

Esquema de los relatos de la Anunciación	Lo que narra el relato
1. Situación del personaje.	*María es una muchacha que vive en la ciudad de Nazaret, en la región de Galilea. Está prometida a un joven llamado José.*
2. Mensaje del ángel.	
3. Miedo o asombro del personaje ante el mensaje.	
4. El ángel anuncia una venida. Le pone nombre.	
5. El personaje plantea una dificultad.	
6. El mensajero da una señal que garantiza el éxito.	
7. Aceptación del mensaje.	

Elegida de Dios

Durante siglos el pueblo de Israel esperaba la venida de un mesías, de un salvador que le liberara de sus penalidades. Al igual que el profeta Isaías, los israelitas clamaban al Señor: "¡Ah, si tú rompieras los cielos y descendieras hasta nosotros!" Confiaban en que algún día Dios cumpliera la promesa de enviarles un salvador.

Dios elige a María para llevar a cabo su promesa. Es por medio de esta mujer como Dios se hace hombre. El "sí" que pronuncia María en el relato de la anunciación es como la puerta de entrada de Dios a nuestro mundo.

Madre de Dios

Desde el primer momento fue tan evidente para los cristianos que Jesús era Dios, y que su madre, María, era la madre de Dios, que lo proclamaron con júbilo por todos los rincones de la tierra.

Estaban firmemente convencidos de que María no solo era la madre de Jesús hombre, sino también la madre de Jesús Dios y, por tanto, la madre de Dios mismo.

Al aceptar ser la madre de Dios, María no fue solo un instrumento pasivo en las manos del Padre, sino que colaboró activamente en la salvación de todo el género humano.

Rossetti, *Anunciación*

3. María, modelo de creyente

María, una mujer de fe

Para María no todo fue fácil. Al contrario, los evangelios la presentan afrontando a veces situaciones difíciles. No alcanza a comprender todo lo que ocurre en torno a su hijo, pero confía en él. Sabe que su hijo ha venido al mundo para cumplir la voluntad del Padre y que tiene una importante misión que realizar.

Durante toda su vida, incluso en los momentos más duros, la fe de María no vacila, como cuando ve a su hijo ultrajado y muerto en la cruz.

María no dejó nunca de creer en el cumplimiento de la palabra de Dios. Ella es el ejemplo perfecto de quien con fe acepta para sí los planes de Dios.

María seguidora de Jesús

María aprende a ser discípula junto a su Hijo. "Haced lo que él os diga", dice a los sirvientes en las bodas de Caná. Y le sigue, dichosa de oírle proclamar la palabra de Dios, dichosa de guardar esta palabra en su corazón, firme y de pie junto a la cruz, en oración con la comunidad de los apóstoles en Jerusalén.

La máxima pretensión a la que aspiró María fue vivir al servicio de Jesús. Nunca aparece en los evangelios haciéndole sombra. Antes al contrario, siempre se muestra junto a Jesús de una forma discreta, como en un segundo plano. Ese es su ejemplo y su testimonio para los seguidores de su hijo.

Visitación, Catedral vieja de Salamanca

ACTIVIDADES

Días después de que el ángel anunciara a la Virgen que su prima Isabel estaba embarazada, María se puso en camino para visitarla.

- Lee el texto de Lucas, que tienes al lado, y explica el recibimiento que Isabel hace a María y en nombre de quien habla.
- ¿Por qué Isabel llama dichosa a María? ¿A qué se refiere cuando dice: *Lo que te ha dicho el Señor se cumplirá*?
- De entre las frases que pronuncia Isabel, ¿cuál de ellas forma parte de la oración del avemaría?

Por aquellos días, María se puso en camino y se fue deprisa a la montaña, a una ciudad de Judá. Entró en casa de Zacarías y saludó a Isabel. Y cuando Isabel oyó el saludo de María, el niño empezó a dar saltos en su seno. Entonces Isabel, llena del Espíritu Santo, exclamó a grandes voces:

- Bendita, tú entre las mujeres y bendito el fruto de tu vientre. Pero, ¿cómo es posible que la madre de mi Señor venga a visitarme? Porque en cuanto oí tu saludo, el niño empezó a dar saltos de alegría en mi seno. ¡Dichosa tú que has creído! Porque lo que te ha dicho el Señor se cumplirá.

Lc 1,39-45

S í n t e s i s

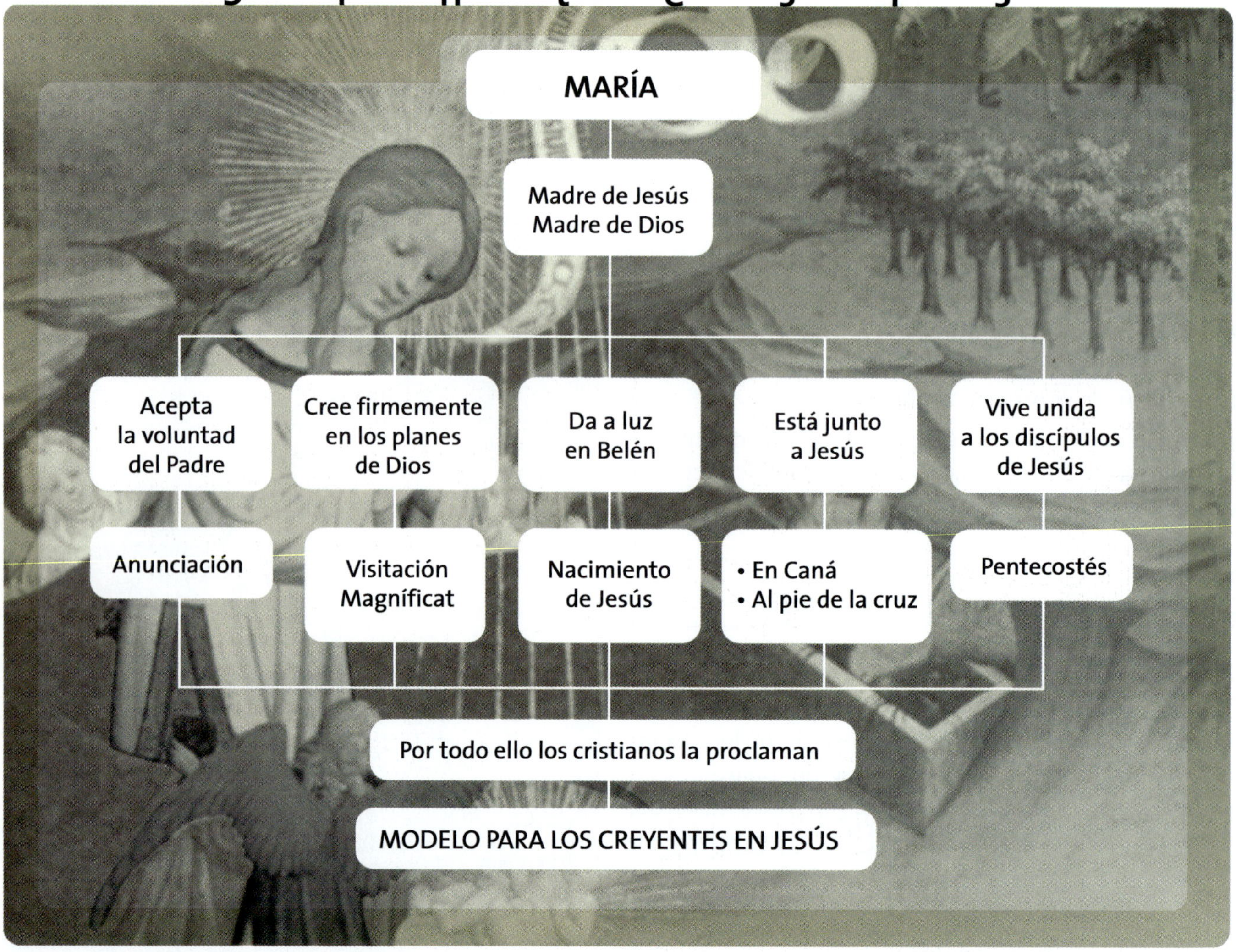

RELACIONA

▶ ¿Con qué contenidos de esta unidad tienen relación estos textos?

1. *La Virgen María, está enriquecida con la dignidad de ser la Madre de Dios Hijo, y por eso hija predilecta del Padre y Sagrario del Espíritu Santo* (Concilio Vaticano II, *Lumen gentium*, 53).
2. *El ángel Gabriel en el momento de la Anunciación saluda a María como "llena de gracia". En efecto, para poder dar el asentimiento era preciso que ella estuviese totalmente poseída de la gracia de Dios* (CIC n.º 490).
3. *María llegó a ser Madre de Jesús y se entregó a sí misma por entero a la persona y a la obra de su Hijo* (CIC n.º 494).
4. *La Virgen María es para la Iglesia el modelo de la fe y de la caridad* (CIC n.º 967).

▶ ¿A qué hecho de la vida de María se refiere este poema? ¿Qué destaca de María?

¡Trasunto de cristal,
bello como un esmalte de ataujía!
Desde la galería
esbelta, se veía
el jardín. Y María
virgen, tímida, plena
de gracia, igual que una azucena,
se doblaba al anuncio celestial.
Un vivo pajarillo
volaba en una rosa.
El alba era primorosa.
Y, cual la luna matinal,
se perdía en el sol nuevo y sencillo,
el ala de Gabriel, blanco y triunfal.
¡Memoria de Cristal!

JUAN RAMÓN JIMÉNEZ

1 Las viñetas recuerdan dos acontecimientos en los que María tiene un protagonismo destacado. ¿Cuáles son?

– Elige otros dos episodios de la vida de María y realiza una viñeta de alguno de ellos.

José Luis Cortés, *¡Qué bueno que viniste!* Madrid, PPC

2 Estas frases están tomadas de los evangelios.

– ¿A qué hechos de la vida de María se refieren?

– ¿Quién pronuncia la frase? ¿A quién se dirige?

- *Dios te salve, llena de gracia*
- *Bendita tú entre las mujeres*
- *¿Dónde está el rey de los judíos que acaba de nacer?*
- *Levántate, toma al niño y a su madre, y huye a Egipto*
- *Este niño será signo de contradicción*
- *Hijo, ¿por qué nos has hecho esto?*
- *Haced lo que él os diga*
- *¿Quién es mi madre y mis hermanos?*
- *Mujer, ahí tienes a tu hijo*

3 Completa este acróstico sobre María siguiendo las descripciones que se indican.

1. María lo es de Jesús.
2. En esa ciudad María y Jesús asistieron a una boda.
3. Por nacer sin pecado, María lo es.
4. María lo es y los cristianos así lo proclaman.
5. En el templo de Jerusalén tomó a Jesús en sus brazos y dijo a María que ese niño "será signo de contradicción".
6. Imagen de María con Jesús muerto en sus brazos.
7. Así saludó el ángel a María.
8. Esposo de María.
9. Ciudad donde vivía María.
10. Oración que se reza a María usando pequeñas cuentas.
11. Jesús se lo entrega a María como hijo.
12. Prima de María a la que fue a visitar.

1.	M_ _ _ _
2.	_A_ _
3.	_ _ _ _ _ _ _ _ _D_
4.	_ _R_ _ _
5.	_ _ _E_ _
6.	_ _ _D_ _
7.	_ _ _ _E
8.	J_ _ _
9.	_ _ _ _ _E_
10.	_ _S_ _ _ _
11.	_U_ _
12.	_S_ _ _ _

4 ¿Qué crees que el autor de esta imagen ha querido expresar de María? ¿Qué destacarías tú?

María, Alfonso Ruano

Dossier

La imagen de María en nuestra cultura

Es muy probable que después de la imagen de Jesús sea la de María la más representada por los artistas de todos los tiempos. En todas las culturas, pero especialmente en la cultura latina, María ocupa un lugar destacado: millones de personas llevan su nombre, los principales pintores y escultores han reproducido su imagen. Lo mismo sucede en la literatura, la música o el cine.

La vida de María narrada por los pintores

Son innumerables los cuadros que los artistas nos han dejado de la vida de María. Esta pequeña muestra nos puede dar una idea de la inmensa producción pictórica.

María en la Anunciación
(Lc 1,26-38)
Un sí que abrió las puertas a Dios.

María en las bodas de Caná
(Jn 2,1-11)
Sensible ante las necesidades de los demás.

María en la Visitación
(Lc 1,39-56)
En ella se cumplen las promesas.

María en el nacimiento de Jesús
(Lc 2,1-7)
A través de ella nos vino la salvación.

María, la mujer vestida de sol
(Ap 12,1-6)
Vive para siempre junto a Dios.

María con los discípulos de Jesús
(Hch 1,12-14)
Fiel seguidora de Jesús resucitado.

María a los pies de la cruz
(Jn 19,25-27)
Jesús nos da a María por madre.

María celebrada por los cristianos

La liturgia de la Iglesia reserva un lugar importante a la Virgen María.

Estas son las principales fiestas de María que se celebran a lo largo del año.

LAS FIESTAS DE MARÍA

1 de enero	**María, madre de Dios**
2 de febrero	**Presentación en el templo**
25 de marzo	**Anunciación**
31 de mayo	**Visitación**
15 de agosto	**Asunción de la Virgen**
8 de septiembre	**Natividad de María**
8 de diciembre	**Inmaculada Concepción**

COMENTA

1. Observa las pinturas de la vida de María ¿Cuál de ellas te dice más? ¿Qué otros cuadros conoces que representen escenas de la vida de María?
2. Además de las fiestas de María que hay en el calendario litúrgico ¿qué otras fiestas conoces? ¿Cómo se celebran?
3. Haz una lista de las advocaciones que conozcas de María. Ordénalas en tres apartados: De ámbito internacional, nacional y provincial o local.
4. Busca poemas o canciones que hablen de María, la Madre de Jesús.

María, una sola con muchos nombres

Cada pueblo, cada comunidad de la geografía española posee una imagen de María con unas características propias. Los cristianos llaman a esto advocaciones. Mil nombres para abarcar un misterio tan rico.

Nuestra Señora de Covadonga

Nuestra Señora de Montserrat

Nuestra Señora de la Almudena

Nuestra Señora del Pilar

NUESTRA SEÑORA DEL PILAR, DEL CARMEN, DEL ROCÍO, DE COVADONGA, DE BEGOÑA, DE LA ALMUDENA, DE MONTSERRAT, DE LOS DESAMPARADOS, DE GUADALUPE, DE LOURDES, ...

María cantada por músicos y poetas

Artistas de todos los tiempos han esculpido su imagen en piedra o madera, le han escrito poemas o compuesto canciones y melodías. ¿Has oído alguna vez el *Magnificat* de Oliveira o el *Ave María* de Schubert?

Permíteme que piense
que posas un instante esa divina carga
y me tiendes los brazos,
y me acunas en tus brazos,
acunas mi dolor,
hombre que lloro.
Virgen María, madre,
dormir quiero en tus brazos
hasta que en Dios despierte.

DÁMASO ALONSO

En la región de Tiro y Sidón, Jesús curó a una muchacha cananea que estaba poseída por un demonio *(Mt 15,21-28)*.

Cafarnaún, junto al lago de Tiberíades, es considerada como la ciudad de Jesús porque en ella desarrolló gran parte de su actividad misionera *(Mt 4,13; 9,1)*.

En Caná tuvo lugar el episodio en el que Jesús convirtió el agua en el mejor vino de una boda *(Jn 2,1-11)*.

A Jesús se le consideraba oriundo de Nazaret y allí pasó gran parte de su vida. En esta aldea comenzó su predicación, pero sus habitantes no lo acogieron bien *(Mt 21,11; Lc 4,16-30)*.

En este monte Jesús se transfiguró delante de Pedro, Santiago y Juan *(Mt 17,1-9)*.

En este pueblo, cerca del terreno que Jacob dio a su hijo Jesé, donde se encontraba el pozo de Jacob, Jesús se encontró con la Samaritana *(Jn 4,5-42)*.

Jesús se aparece a los discípulos después de la resurrección *(Lc 24,1-53)*.

En Jerusalén tienen lugar los acontecimientos más importantes de la vida de Jesús. En esta ciudad muere, resucita y sube al cielo *(Mc 11-16)*.

En esta ciudad, Pedro reconoció a Jesús como mesías, Hijo de Dios *(Mt 16,13-19)*.

Escenario de la curación de un ciego. También de los reproches de Jesús a sus habitantes por su falta de conversión *(Mc 8,22-26; Mt 11,21)*.

Junto a las orillas de este lago, Jesús eligió a algunos de sus discípulos *(Mc 1, 16-20)*.

En este pueblo Jesús resucitó a un joven *(Lc 7,11-16)*.

En esta región Jesús curó a un endemoniado *(Mc 5,1-20)*.

En el río Jordán Jesús fue bautizado por su primo Juan el Bautista *(Mt 3,13-17)*.

En esta ciudad tuvo lugar el encuentro de Jesús con Zaqueo. También curó al ciego Bartimeo *(Lc 19,1-10: Mc 10, 46-52)*.

Jesús resucitó a su amigo Lázaro *(Jn 11,18-44)*.

Ciudad en la que nació Jesús *(Lc 2,1-7)*.

PROYECTO DIDÁCTICO
Equipo didáctico de Ediciones SM/PPC

AUTORES
Javier Cortés
Miguel Ángel Cortés
Samuel Forcada

REVISIÓN PEDAGÓGICA
Gaspar Castaño

DISEÑO
Alfonso Ruano, Julio Sánchez

MAQUETA
Equipo SM

FOTOGRAFÍA
Javier Calbet, Sonsoles Prada, Sergio Cuesta, Fidel Puerta, Yolanda Álvarez, José Manuel Navia / Archivo SM; B. Ashok; Javier Jaime; J. Antonio Mora; José M. Eizaguirre; Pedro Carrión; Luis Agromayor; José Vicente Resino; Jesús G. Ullastres; Amaro Olivares Meca; Almudena Esteban; Alberto Bueno; M. Brambatti, Juan Medina / EFE; A. Nagamatsu, T. Yamamoto / PHOTONICA - GETTY IMAGES; Guigoz / FOTONONSTOP; Suza Scalora / SIPA PRESS; Erich Lessing / ALBUM; Mark Downey, SIEDE PREIS, Nancy R. Cohen, Kevin Peterson, Geoff Manasse, Kirk Veddle, Mel Curtis, Michael David, Skip Nall, Scott T. Baxter, Doug Menuez, Vicky Kasala, GEOSTYOCK, Jack Hollingsworth, Don Tremain, Adam Crowley, Ryan McVay, Michael Matisse, Robert Glusic, Don Farrall, STOCKTREK, Collin Peterson, Arthur S. Aubry, Mónica Lau, Ángela Maynard, PHOTOLINK / PHOTODISC; ASSOCIATED PRESS / RADIAL PRESS; AFP / CONTACTO; CD GALLERY; FIRO FOTO; PRISMA; STOCK PHOTOS; DIGITAL VISION; CORDON PRESS; STOCKBYTE; COMSTOCK; COVER; IMAGE SOURCE; AGE FOTOSTOCK; Museo Canario

CARTOGRAFÍA
5W Infographic

EDICIÓN
Óscar Alonso, José Laguna

COORDINACION EDITORIAL
Gaspar Castaño

DIRECCION EDITORIAL
Luis Aranguren Gonzalo

Dos de los discípulos se dirigían a una aldea llamada **Emaús**, que dista de Jerusalén unos once kilómetros. Iban hablando de todos estos sucesos. Mientras hablaban y se hacían preguntas, Jesús se acercó y se puso a caminar con ellos *(Lc 24,13-15)*.

Este libro corresponde al primer curso de Educación Secundaria y forma parte de los materiales curriculares del proyecto editorial de Ediciones SM/PPC, que ha sido debidamente supervisado y autorizado por la Comisión Episcopal de Enseñanza y Catequesis, el 14 de marzo de 2007.

ISBN: 978-84-675-1659-3 / Impreso en España / *Printed in Spain*
Depósito legal: M-18090-2010 / Gráficas Monterreina, S.A. Cabo de gata, 1-3 - 28320 Pinto (Madrid)